「子ども銀行」の社会史

学校と貯金の近現代

吉川卓治

Yoshikawa TAKUJI

世織書房

「子ども銀行」の社会史
学校と貯金の近現代

目　次

【凡　例】

一、資料の引用に際しては、漢字の旧字体は原則として新字体に改め、合字はかなに直した。句読点は筆者が適宜加えた。

二、引用文中の傍点は断りがない限り筆者が付したものである。

三、引用文中の〔　〕内は筆者による注記である。

「子ども銀行」の社会史

序章
交錯する教育と金融経済

アジア太平洋戦争の敗戦から間もない一九四八（昭和二十三）年一月、大阪市内のとある小学校で「こども銀行」が開業した。支店長以下、副支店長、窓口係、原簿係、勘定係、すべての銀行員は、子どもだった。手作りの貯金通帳をもって窓口に並んだ預金者も、子どもだった。だが、これは遊びでも童話のなかの話でもない。預けられた現金はまとめて「本店」と呼ばれた本当の銀行に預け入れられ、実際に一〇〇円以上の金額には日歩四厘の利息がついた。

子どもたちが自分たちで貯金事務を担当し、教育機関である学校をとおして金融機関である銀行に貯金をするという「こども銀行」は、たった一校から始まった。それが高度経済成長前夜の一九五四年には、日本全国の小・中学校のじつに七四パーセントに相当する三万校余りで開設されるようになり、利用者は小・中学生全体のおよそ五〇パーセントにあたる八六〇万人に達した。「こども銀行」は、瞬く間に各地の小学校や中学校に広がっていったのである。

その後、高度経済成長時代の到来とともに、「こども銀行」は開設数、利用者数とも減少に転じ、今日ではほとんど目にすることはない。そのためか、「こども銀行」が研究対象とみなされることはこれまでほとんどなく、断片的な事実だけがときおり思い出したように語られる程度に過ぎなかった。しかし、一時は三万を超える小・中学校で実践され、八七〇万もの児童・生徒が利用した「こども銀行」を戦後史のなかの単なるエピソードとして片付けてしまってよいのだろうか。

近年、学校教育のなかで金融経済に関する知識や態度などを子どもたちに身につけさせようとする動きが活発化している。その一つが、金融庁が旗ふり役となって推進する「金融経済教育」である。「金融経済教育」とは「金融リテラシー」なるものを習得・向上させるための教育とされる。「金融リテラシー」とは、「金融に関する健全な意思決定を行い、究極的には金融面での個人の良い暮らし（well-being）を達成するために必要な意識、知識、技術、態度及び行動の総体」だという(1)。

これに併行して、金融広報中央委員会（事務局は日本銀行情報サービス局内）も「金融教育」を進めている(2)。「金融教育」とは、「お金や金融の様々なはたらきを理解し、それを通じて自分の暮らしや社会について深く考え、自分の生き方や価値観を磨きながら、より豊かな生活やよりよい社会づくりに向けて、主体的に行動できる態度を養う教育」だとされる(3)。要するに、「お金に関する幅広い学習を通じて、生きる力をはぐくむ」ことを目的としたものだという。

「金融経済教育」にしても「金融教育」にしても、「金融リテラシー」あるいは「生きる力をはぐくむ」というあたりに最近の教育改革の方向性を意識していることがうかがえる。だが、それらが金融当局の主導で学校のなかに持ち込まれようとしていることは間違いない。そして、その「金融（経済）教育」が果たして学校教育の場に何をもたらすのか、いかなる効果あるいは副作用があるのか、まだ十分な議論はなされていないように思われる。

「金融（経済）教育」は、教育と金融経済とを結びつけようとする試みである。その意味では「こども銀行」の系譜の延長線上に位置づくものとみてよいだろう。だとすれば、「こども銀行」の経験には多くのことを学ぶことができるはずである。

ところが、現在までのところ、「こども銀行」に関して手にすることのできる知見はあまりに乏しい。「こども銀行」とはいったい何だったのか。どうして誕生したのか。なぜ急速に普及したのだろうか。そして、なぜ衰退していったのか。多くの謎に包まれている。

これらの謎を解くには「こども銀行」だけに注目するのではなく、戦前から学校で取り組まれてきた「学校貯金」という実践にまでさらに視野を広げて検討する必要がある。一八八〇年代ごろから小学校では、子どもたちに現金や郵便切手を持参させ、学校を通じてそれを銀行や郵便局に預けるという取り組みが教育活動の一環としてかなり広く行なわれていた。戦後の「こども銀行」の誕生・普及は、この「学校貯金」を歴史的基盤としていたと考えられるのである。

「学校貯金」は、貯金を実践させることをとおして子どもたちに勤倹貯蓄の習慣を身につけさせることを目的に始められた。もちろん江戸時代にも勤倹節約のような通俗道徳はあった(4)。とりわけ、日本最大の仏教宗派であり、庶民のあいだで広く信仰された浄土真宗では門徒の生活態度を規制した具体的な徳目に勤勉や節倹が位置づいていたことも指摘されている(5)。地域によっては「講」や「結」といった村落共同体における相互扶助的な仕組みも存在した。だが、重要なのは、それらが国家財政や金融市場とは別次元のものとしてあったことである(6)。銀行や郵便局などの近代的な金融機関は、明治維新以降、欧米から移植されたものだった。その新しい機関が作動し、人びとのあいだに定着していくには、勤倹貯蓄習慣をそれまでの共同体的なものとは別に新しく創り出さねばならなかった。そして、そのためには明確な意図をもった働きかけが必要だったのである(7)。

こうした働きかけはやがて実を結ぶことになる。たとえば、一八九八(明治三十一)年生まれの小説家黒島伝治が昭和初期の醤油醸造場の労働者を描いた「彼等の一生」(一九二七年)には次のような記述が出てくる。

> 彼が死んだ時、彼の長男は、工芸学校に這入っていた。彼は食うもの、倹約までして、子供の学資にいくらか貯金をしてあった。彼は、その前に自分の死を自覚して、大将に子供と妻のことを頼んだ。子供は、学校を卒業させ、どうにかして、今の境涯からのがれさせたい意志だった(8)。

この頃には「彼」のように社会の下層にあえぐ人びとも、整備されずに長く放置されてきた社会保障制度や奨学金制度の代わりとして、生活防衛さらに生活苦からの脱出のために貯金を頼りにするようになっていた。
貯金の果たした役割はそれだけではなかった。明治維新以降の日本の近代化そのものが高い貯蓄率によって支えられてきたのだとの指摘は早くからなされてきた(9)。高度経済成長が国民の高貯蓄を重要な要因としてきたこともよく知られている。未だ十分に発達していなかった証券市場にかわって郵便局や銀行が家計から預貯金を調達して企業に融資することでその発展を後押ししてきた。「学校貯金」や「こども銀行」は、学校での貯金実践をとおして子どもたちに近代的な勤倹貯蓄習慣を形成し、それによって、個人の生活の向上、近代化・産業化の進展に寄与したのである。

本書の目的は、戦後に誕生した「こども銀行」のたどった歩みを、こうした近代的な勤倹貯蓄の習慣を形成するために始まった「学校貯金」の成立にまでさかのぼって明らかにすることにある。

そのために本書では、〈教育の論理〉と〈金融経済の論理〉との関係性という視点を設定する。前者は、子どもへの知識付与や働きかけをとおして行動・習慣の獲得・変容をめざすものである。後者は、金銭の吸収や運用という、資金の移動によって国家財政の補塡や利潤の産出を企図するものである。両者が「こども銀行」ないし「学校貯金」の構想や現実のなかでどのようにかかわりあっていたのか、ということに注目することでその本質がみえてくると考えられる。

郵便(貯金)制度の日本への導入に尽力したことで知られる前島密は、その自叙伝のなかで次のように述べている。

我国民中下層に居る者は由来貯蓄心に乏しく、殊に東京人中には宵越の銭を持つは恥なりとすら心得るもの多く、為に貧困に加ふるに風紀甚だ乱れ、且種々の悪弊を生じ、余も大に之を慨したりしが、之が予防策としては……経済上の慣習に依り、貯蓄心を養成せしむるの優れるに如かずと信じ居たるに、その後英国に渡りて郵便貯金の状況を観れば、能く実績を挙げ、細民の好風紀を奨励すると同時に、その貯蓄の聚合金は、或は国債償還、或は国家有益の事業に融通し、以て国家経済の大資と為しつゝあり。是に於て余は大に啓発せられ、帰朝の上は本邦にも速に之を実施すべしと、……漸く本年に及んで開始するの機会に達せしなり(10)。

前島によれば、郵便貯金は、貯蓄習慣の形成とそれによる風紀改善という〈教育の論理〉と、「国債償還」や「国家経済」への流用という〈金融経済の論理〉との相互補完的関係に注目して導入が構想されていたのである。だが、この二つの論理は、前島の期待したようにつねに補完関係にあったというわけではないだろう。現実には対立し、否定しあう関係にもあったのではないか。

本書は、こうした〈教育の論理〉と〈金融経済の論理〉との相互関係に注目し、「学校貯金」の誕生から「こども銀行」の成立・展開、そしてその終焉へといたる過程を解明することで教育史と経済史・金融史とが交錯する様を描き出したいと考えている。

これまで教育史研究の多くは、国民教育の成立・展開過程の解明に大きく貢献してきた。そこでは天皇制イデオロギーによる教化、あるいは子どもたちを労働力として陶冶する仕組みに注目してきた。その一方で、「国民」として日常生活を過ごすために必要な習慣やふるまいを身につけさせるうえで学校教育が果たした役割にはあまり関心が払われてこなかった。近代的な勤倹貯蓄習慣もその一つだが、「こども銀行」や「学校貯金」については、一部の自治体史や自治体教育史、個別の学校史のなかでわずかに言及されるにとどまり、全体像はほとんど明らかになっていない。

他方で「こども銀行」や「学校貯金」は、経済史研究あるいは金融史研究のなかでふれられることもある。だが、そこでは民間から資金を吸収するための貯蓄奨励策一般に解消される傾向が強く、学校教育が果たした独自の役割については十分に掘り下げられてはこなかった。貯金というのは、働いて給料を稼ぐ大人の話であって、子どもの貯金はその周辺に位置づく程度だということなのだろう。しかし、たとえば一九五四年の時点で「こども銀行」の預金総額は七六億円に達しており、そのころには金融雑誌や金融行政担当者たちも「こども銀行」の働きが日本経済の再建と発展のために無視し得ないものとなっている、としばしば書き記したものだった(11)。このことを踏まえるならば戦後経済史において「こども銀行」のもった独自の意味は軽視されるべきではないだろう。

最後に、本書で用いる概念の表記について若干の説明を加えておきたい。行政文書では「こども銀行」と表記されることが多いが、「こども銀行」は中学生を対象とする場合、「生徒銀行」と呼ばれることもあった。また親金融機関が銀行の場合には「こども銀行」あるいは「子供銀行」、郵便局なら「こども郵便局」「子供郵便局」、農業協同組合（農協）だと「こども協同組合」「子供協同組合」などと称された。そこで本書では、以下、これらを総称する際には「子ども銀行」と記し、「こども郵便局」「こども協同組合」などと並ぶ、狭い意味での「こども銀行」を指す場合にはカッコを付して「こども銀行」と表記することにする。また、「学校貯金」は、「学童貯金」あるいは「生徒貯金」などとも称されることもあったが、本書では初めて日本に紹介された際の呼称にしたがい、以下カッコを外して学校貯金と表記する。

第1章　学校貯金の構想

1　留学生監督の報告と『老蘭氏学校貯金説』

郵便貯金制度の成立

初めに、戦前の貯蓄機関のなかでもっとも大衆的で中心的な位置を占めた郵便貯金の成り立ちについて概略を述べておこう。

郵便貯金制度は、まだ中央銀行（日本銀行）すら開業していない一八七四（明治七）年に制定された「貯金預リ規則」によってその翌年から実施された。これはイギリスのPost Office Savings Banksの制度にならったもので、イギリス、ニュージーランド、ベルギーに続く世界で四番目という早さでの導入だった(1)。

図１　郵便貯金の預入・引戻手続き

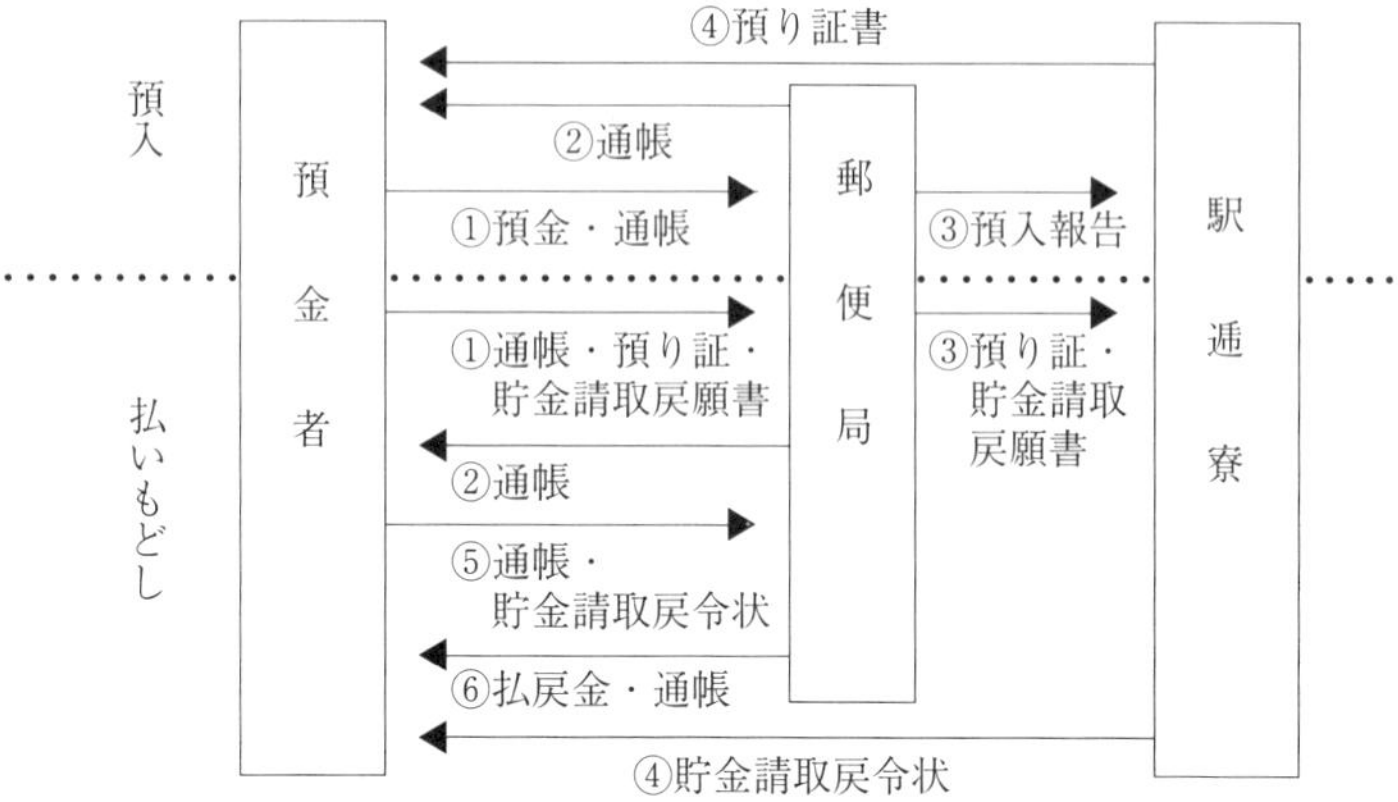

（出典：郵政省編『郵政百年史』吉川弘文館、1971年、161ページ、一部修正）

郵便貯金は、先の前島の回想にもうかがわれるように下層民をターゲットとしていた。ところが、初期の郵便貯金は、貧しい人びとにとって必ずしも使いやすい仕組みにはなっていなかった。第一に、「金高ハ拾銭以上拾五銭廿銭廿五銭等ノ如ク皆五銭宛ノ割合ヲ追テ預クヘシ　拾一銭拾七銭廿三銭等ノ如キ端数ニ相成モノハ預ケ得サル事」（「貯金預リ規則」第二条）というように預け入れの最低金額が一〇銭に設定され、しかも五銭単位でなければ預けられなかった。第二に、郵便貯金取扱局所の数も限られていた。そして第三に、今日に比べると手続きがおそろしく煩雑で、とりわけ貯金の払い戻しには時間も手間もかかった（図1）。こうしたことから、明治前期の郵便貯金が当初の目的に反して富裕層の大口貯金を主体としていたことは、これまでも繰り返し指摘されてきた(2)。

　しかし、制度的制約は少しずつ手直しされていく。最低預入金額は一八七八年に三銭にまで引き下げられ、一銭単位の預け入れも可能になった。一八八一年以降、最低預入金額は一〇銭以上に戻ったものの、一八八三年には厘単位での預け入れができるようになった。とはいえ、日雇労働者の日当が二〇銭の時代である(3)。最低預入金額が一〇銭というのは、子どもたちが小遣いのなかから貯金を始めようとするにはやや高すぎるようにもみえる。だが、それは本書のなかで述べるようにさまざまな工夫によって克服されていくことになる。

郵便貯金取扱局所については、一八七六年には都市部を中心に九〇局ほどが置かれていたに過ぎなかったが、一八八五年におよそ四五〇〇局にまで増えた。その後、統廃合によって漸減するが、一九〇一年には郵便事務を扱うすべての局所で郵便貯金の取り扱いがなされることになり、明治末年には七〇〇〇局を超えるに至った。郵便局の増加にはいわゆる「三等郵便局制度」が大きな意味をもったことが知られている。三等局の局長は、一定規模の土地や家屋を所有する二〇歳以上の男子のなかから任命された。下級官吏（判任官）の身分が与えられたが、俸給は支払われず名誉職的性格が強かった。このため三等局長の多くが地域の名望家だったといわれている(4)。

面倒な払い戻しの手続きも、一八八四年から即時払いが始まることによって改善に向かった。一九〇四年には、預金者が貯金取扱局所に本人であることを証明したときにはその局所に預けた金額を超えない範囲内で払い戻しを即時請求できるようになった。郵便貯金を大衆的零細貯蓄機関として人びとのあいだに定着させるべく制度的制約の改良が徐々に進められていったのである。

「学校貯金法之事」

　さて、教育機関である学校をとおして子どもたちに貯金をさせるという、学校貯金の発想は、いったいどこからやってきたのだろうか。郵便貯金制度がイギリスをお手本としたように、学校貯金もヨーロッパのものが伝えられた。それは、在外官吏からの報告、翻訳書、お雇い外国人教師という三つの経路を通って明治十年代に日本に到来したのである。

　今日、確認することのできる学校貯金についてのもっとも早い紹介は、一八七九（明治十二）年五月十五日付で発行された『教育雑誌』第九七号にみることができる。この雑誌は、文部省が発行したもので、主に海外の教育事情や教育論説を日本に紹介するものだった(5)。この雑誌に「学校貯金法之事」という記事が掲載されたのである(6)。記事は、当時アメリカに在住し、留学生たちの素行に目を光らせるための監督（在米国留学生監督）を務めていた目賀田種太郎からの「申報」に基づくものだった。留学生監督は、「海外各国ノ教育上ニ注意シ、殊ニ内国ノ有益ニ関スルノ事ハ時々之ヲ文部省ニ開申」することになっていた(7)。

　記事のタイトルにある「学校貯金法」には「スクール・セイビングバンク」とルビが打たれていた。記事によれば、学校貯金とは一八六六年にベルギーで始まったもので「啻学童ニ貯金ノ法ヲ教フルノミナラズ倹約ノ法ヲ教フルガ為ニスル者」だという。その方法とは、「学校ノ教員、生徒ノ貯金預リ主トナリテ其ノ貯金ヲ預リ真ノ銀行ニ預クベキ高ニ至レバ之ヲ銀行ニ預クル」というものだった。つまり、貯金の方法だけでなく倹約の方法を教えるために教師が生徒から金銭を一時的に預かり、貯金できる金額に達してから「真ノ銀行」に預けるというものだった。記事は、この学校貯金の結果、貯金の方法が生徒だけでなく他の人びとにも知られるようになり、預金高が増加したというので、イギリス、デンマーク、オランダ、イタリア、オーストリア、フランスにも広がったとしている。

記事は、さらにヨーロッパ各国の学校貯金の仕組みとその成果を簡単に説明している。なかでもベルギーの「ゲント府」(Gent) では、学校貯金を実施したところ一八七二年に一万七五三四だった貯金口座が、三年後の一八七五年には二倍近くの二万九八六六にまで増加し、その金額も四二万六九七六円に達したという。そしてベルギーの公報に「初メ此ノ法〔学校貯金法〕ヲ施スニ方リテヤ父兄タルモノ未ダ貯金ノ何物タルヲ知ラザリシガ其子弟ノ貯金簿ヲ観テ始メテ其ノ利益アルコトヲ解セリ云フ」と、その効果が絶大だったと報じられたと紹介している。

記事は、日本でも近年「駅逓局貯金法」(郵便貯金制度) が始まったのだが、一八七八年現在、貯金をしている人数はわずか四八五六人、金額にして六万〇一九一円六五銭に過ぎないと続け、「学校等ノ都合ニ依リ適応ニ貯金ノ事ヲ興サバ幼童ヲシテ夙ニ倹約独行ノ事ヲ学バシムルノミナラズ又将来国民ヲシテ曩時ノ卑屈依頼ノ風習ヲ脱セシムルノ一助タランカ」と結んでいる。学校貯金を実施すれば子どもたちが「倹約独行」の精神を学ぶだけでなく、他人に対し卑屈で依存的な習慣の改善に役立つのではないかというのである。このことは、学校貯金の紹介が教育的関心に基づいてなされたことを示している。この記事がどれくらいの具体的な影響力をもったかはわからないが、教育関係者たちの目に止まったであろうことは想像に難くない(8)。

ベルギーへの注目

前述の記事も伝えるように、学校貯金の具体的な方法はヨーロッパでも国によって少しずつ異なっていた。また『読売新聞』（一八八四年八月十六日付）が、フランスで一八七三年に「学校貯金法」を設けて奨励した結果、一八七九年の学校貯金実施校はおよそ一万校、貯金をする生徒は二二万人となり、さらにそのわずか五年後にはそれぞれ二万校、四四万人へと倍増するという成果をあげたことなどを紹介したこともあった。

こうしたなか、日本政府は学校貯金発祥の地であるベルギーの仕組みに注目していくことになる。近代国家への歩みを開始したばかりの日本にとってベルギーは貴重な「模範国」だった。明治初期に欧米一二か国を歴訪した岩倉遣外使節団は、国民のあいだに「自主の精神」あふれる、ヨーロッパ文明の「最上等」国として、ベルギーを極めて高く評価していた。明治の日本にとって、イギリスやフランスのような「大国」をモデルとした近代化を即座に実現することは困難であった。ベルギーが「大国」ひしめくヨーロッパのなか「小国」でありながらしっかりと独立を保つ国であったがゆえに、明治政府は強い関心を寄せたのである(9)。ちなみに、日本銀行はベルギーの国立銀行の制度に影響を受けており、開業当初の内部の組織もベルギー国立銀行のそれをほとんど摸倣したものだったとされる(10)。

逓信省総務局記録課は、一八八六（明治十九）年三月、ベルギーの大学教授だったフランソワ・ローラン（François Laurent, 1810-1887）の著書を森則義の訳により『老蘭氏学校貯金説』として刊行した⑾。この書物は、ローランが同国のゲントの師範学校生徒を前に行なった、学校貯金に関する講演をまとめ、一八七三年にブリュッセルで出版された *Conference sur l'epargne* を底本としたものだった。訳者の森はフランス学者として知られ、後に学習院の教授となる人物である。彼は、この時期、赤間関駅逓管理局の監察官を務めていた⑿。

「叙」で森が記すように、同書の要旨は「節用蓄財」は「人生ノ義務」であり、その「義務」を尽くさせようとするならば児童に少額を貯金させ、それによって節倹の習慣を養成するという方法がもっともよい、ということにあった。ローランはさらに学校貯金に対してなされる一般の批判に詳細に反論し、その意義を強く説いていた。

この書は評判になったとみられ、翌年にも『白耳義国学校生徒貯金法』（図２）という書名で広瀬惟孝の訳により京都の泰山書房から版を改めて刊行されている⒀。

2　マイエットによる大日本教育会での講演

最初の講演

学校貯金の紹介・普及にもっとも大きな役割を果たしたのは、ドイツ人お雇い外国人教師のパウル・マイエット（Paul Mayet, 1846 - 1920）だった（図３）。マイエットは、一八七六（明治九）年初頭に来日し、東京医学校でドイツ語とラテン語を教えていた。その後、一八七九年から八二年まで大蔵省の顧問

図２　フランソワ・ローラン著
『白耳義国学校生徒貯金法』

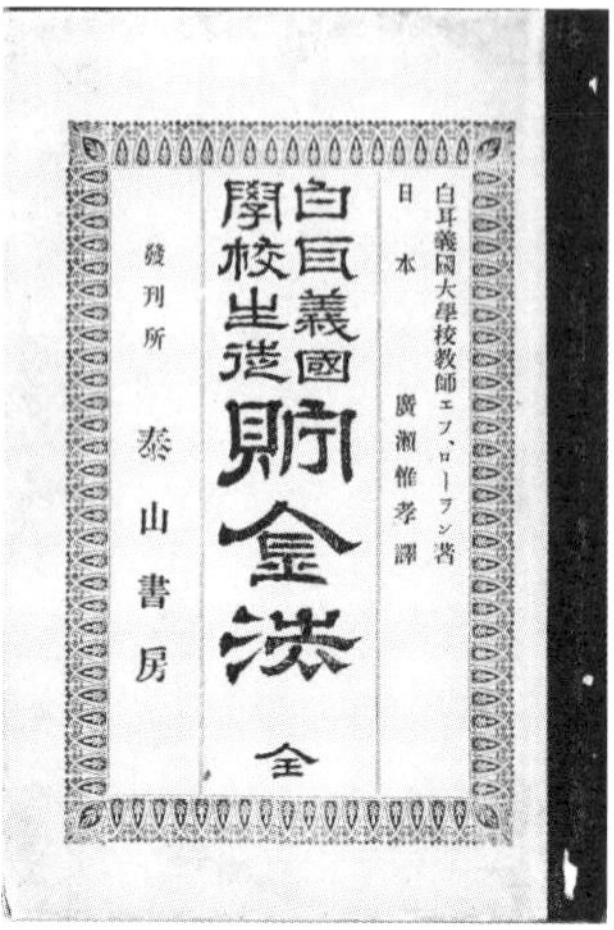

図３　パウル・マイエット

（出典：ユネスコ東アジア文化研究センター編『資料御雇外国人』小学館、1975年）

を務め、一八八四年から八五年にかけて駅逓局、併行して一八八四年から八六年まで農商務省、一八八五年から八七年まで逓信省と、各省の「顧問」等を歴任し、一八九三年に帰国した。その間、彼は、日本における保険・金融制度や農業政策などについて、統計を駆使し、各国の制度を比較する手法で説得的に議論を展開したとされる。日本語で刊行された著書は少なくとも六冊、他に意見書や調査書、論文などは多数にのぼる(14)。

このように政府に対して保険・金融制度を中心にアドバイスをする立場にあったマイエットが、全国の教員や教育関係者からなる当時最大の教育者団体だった大日本教育会に招かれ、一八八五年の四月十二日と五月十日の二回にわたり「駅逓局学校貯金法」と題する演説を行なったのである。彼の熱弁にしばし耳を傾けよう。

最初の講演でマイエットは、まず来会者に向かい、そもそも「学校貯金所」（学校貯金のこと）の制度はヨーロッパの多くの国で行なわれているのに日本でその実現をみないのはなぜなのか、それはその効用を知らないためだろう、そこで大日本教育会の副会長辻新次から誘いを受けたのでここに「学校貯金所の利」を説明したい、と語りかけた。

最近イギリスで公布された「改正教育令」では、私立学校は「学校貯金所」を設けなければ国庫補助を受けることができないと規定されており、ビスマルクやグラッドストーンを始め各国の著名な政治家たちも「学校貯金所」を重視している。なかでもベルギーの「学校貯金法」はもっとも実地に適したものので、その普及に尽力したローランの著書八〇〇〇部が各学校や教員に、一九〇〇部が師範学校に送付されている、と。このようにマイエットはヨーロッパにおける学校貯金をめぐる状況を紹介した。

次にマイエットは、一般的な貯金の目的は、個人、とくに「貧乏ナル者」の貯蓄を保護し、その増殖を図る点にあるという。それによってとくに「貧人」が仕事に励み、節倹の念を起こすことになる。そのように述べたうえで、マイエットは、日本の駅逓局貯金課が付与する実際の利子を使って貯金が年とともにどのように増えていくかを具体的な数字で示し、貯金が溜まっていくことで、飢饉などの天災に見舞われた場合でも国民の自助が可能になる、と説いた。

一方、多くの貯金を集めることにより、政府や地方、さまざまな会社がそれを使って新規事業を起こすことができるようになる。プロシアでは「貯金預所」を開設してからすでに六四年がたっているので、日本が今のプロシアの水準に追いつくにはこれからなお六四年が必要だろう。だが、今後、日本が列国と経済上の競争に与していくというのならば貯金の振興はとくに小学校教師が「職トシテ務ムベキ所」

なのだ、と論じた。

では「学校貯金所」とは、いったいどのようなものなのか。彼によれば、それを設けるのはじつは「甚夕容易ナル事」だという。というのは、教師は、利子の計算や金銭管理をするのでなく、ただ授業や指導の際に生徒に貯金についての観念を喚起・奨励し、毎週生徒から金銭を受け取り、それを「郵便貯金所」に預け、払い戻しの際には郵便貯金所に連絡し受領書と引き換えに生徒に返金する――その際、生徒に払い戻しの理由を尋ね浪費を戒めて――だけだからだ、という。

学校貯金の利点は、子どもを「善良」にし「仁愛」の情を引き起こすことにある。貯金は生徒が外国語や数学、物理学、化学など学習に必要な書籍や器械の購入にあてることができる。教師にとっても、特別な教科で教えるのではなく算数などの通常の授業のなかで貯金を教えることができるので生徒は授業に喜びを覚えるようになるのだ。

右のように述べたうえで、マイエットはヨーロッパ各国における「学校貯金所」の発展の歴史を説き、普及状況を紹介してこの日の演説を終えている。

二度目の講演

およそ一か月後に開かれた二回目の講演では、マイエットは「学校貯金所」を実現させるための取り組みについて議論を展開していく。

マイエットは、そもそもこの演説を依頼してきた辻副会長は文部省の役人でもあるから、文部省もすでに学校貯金に関心をもっているはずだと述べた後、次のような注目すべき事実を明らかにした。三年ほど前、すなわち一八八二（明治十五）年頃、当時の松方正義大蔵卿と西郷従道農商務卿の命を受けて駅逓局貯金課に二、三の報告と建議を行なったのだが、そのなかの一つは「学校貯金法」に関するもので、その報告書は文部省の官僚にも数部を進呈したというのである(15)。

そのうえでマイエットは次のように述べる。報告書に示した「学校貯金法」はベルギーの制度を簡単にしたもので、駅逓局内の議論を経てさらに簡略化したものだった。その後、一年ほど前にこの建議は野村靖逓信次官が支持するところとなった。一方、文部省では「学校貯金所」開設の指示を公然と布達することはないけれども、学校や教師からその設置について願い出があれば当局で受け入れて実現を援助するだろうとの情報を関係者から得ている、と。マイエットは、このような政府への働きかけとそれへの反応に言及し、さらに参会者たちに学校貯金実現への主体的な努力を促した。以上の発言から、すでに学校貯金の制度化に向けて政府への働きかけが始まっていたことがわかる。

次にマイエットは具体的な「学校貯金法」の制度に話を進めた。彼によると、その制度には二種類ある。一つは利子の計算から帳簿記入までの煩雑な事務の大半を学校・教師が請け負うもので、イタリア、イギリス、ドイツで行なわれている。もう一つは、ベルギーとフランスのもので事務の大半を教師ではなく郵便局が担当するものだという。教師にとって帳簿記入は本来の仕事ではないから負担軽減のためにも後者の仕組みを取るべきだとマイエットは主張している。

また、生徒の預け入れ金額については、通常は制限を課さないが、生徒には貧富の差があり、その多寡によって彼らに「嫉妬ノ念」を生ずるのではないかという疑念も出されているため、必要なら上限を定めてもよいと述べた。最後にマイエットは、この講演が書籍として刊行される際には自分の考案した「学校貯金所」の職制草案を掲載すると予告し、ヨーロッパにおける学校貯金の参考文献を紹介したうえで、「学校貯金所」の有用性を繰り返して演説を締めくくった。

「切手貯金」の提案

この演説は、翌年、大日本教育会から大村仁太郎の訳で『教育家必携　駅逓局学校貯金法』として出版された(16)。右に記した演説の内容は同書に依ったものである。同書には、演説と詳細な註記に加えて、演説で予告したように「学校貯金所ノ組織ニ関スル実例」が付されていた。そこでは、フランス、イタリア、イギリス、ベルギーの郵便貯金および学校貯金について説明がなされている。注目すべきことに、彼は学校貯金において一種の「郵便切手」を使って貯金する方法を詳しく紹介している。

マイエットは、この「切手貯金」の方法を使えば、最低預入金額に達しない小さな額の金銭を管理する手続きが簡略になり、教師の手間も軽減されるという。ただし、現時点で日本では切手販売の代金の多くが民間の切手売捌所の収入になるため、通常の郵便切手の貯金への流用は難しいという。そこで郵便切手とは別に「貯金印紙」を発行し、それを使って貯金をさせるのがよいとして、その具体的な方法を提案したのである。彼によれば、それはもともとオーストリアの経済学者ラートコースキー(Mathias G. Ratkowsky, 1832-1917)が一八七五年に始めた方法を改良したものだという。ラートコースキーは、「学校貯金所」で貯金をする際、一回の預け入れごとに発行年次を印刷した切手印紙一枚と領収印紙一枚を用い、前者は貯金通帳に、後者は受取帳にそれぞれ貼付するという方法を考案した。これに対して、マイエットが改良した方法では年を印字した切手印紙を用いるのは同じだが、受取帳には金額を記入するなどの点で違いがある。彼はこれを「マイエット・ラートコースキー法」と名付けている。日本の金融制度に精通したマイエットならではの配慮である。

切手印紙を使って貯金をする方法は「切手貯金」と呼ばれる。今日、切手を使って貯金をすることは認められていないのだが、後の章で詳しく述べるように、「切手貯金」は一九〇〇（明治三十三）年に逓信省によって制度化され、学校貯金普及の起爆剤となった。「切手貯金」と学校貯金は最初から密接な関係にあったのであり、マイエットの提案はその出発点に位置づけることができる。

3　政府内部の抗争と構想

農商務省と大蔵省の対立

これまでみてきたように学校貯金をめぐっては、それに関する情報が文部省の雑誌に掲載され、翻訳書が逓信省等から刊行されただけでなく、お雇い外国人教師だったマイエットによる政府への直接的な働きかけもなされていた。それでは、政府内部においてはどのような動きがみられたのだろうか。

もともと一八七五（明治八）年の郵便貯金開始にあたって、内務省の管轄下にあった駅逓寮の長官

（駅逓頭）だった前島密の名で出された「公告」には「請フ区戸長、教員及ヒ傭主タル者、篤ク此挙ノ盛意ヲ戴キ能ク此規則〔「貯金預リ規則」〕ヲ弁了シ小民、生徒、僕婢ヲ教諭シ以テ恒産アラシメ以テ風俗ヲ厚フセンコトヲ」とあった(17)。ここから「教師」が「生徒」に郵便貯金の趣旨を理解させ貯金を実践させることで風俗改善の一端を担うことが期待されていたことがわかる。だが、学校貯金の制度化への動きがみられるようになるのはもう少し後のことである。

駅逓寮は、一八七八年一月に駅逓局と改められたが、一八八一年四月に農商務省が新設されると、農務局や山林局と一緒に内務省から同省に移された。郵便貯金事務は農商務省へと移管されたのである。ところが、一八八五年一月十三日、太政官は、大蔵省に財政を一元的に管理させるため農商務省駅逓局の貯金業務を大蔵省との共管とするように同省に達した。併せて太政官は、大蔵省に対して、貯金の保管・運用利殖の方法、および官庁、寺社、教会その他人民共有の積立金の預かり方の二点について早々に取り調べて申し出るように指示した。しかし、このことを聞きつけた農商務卿西郷従道は、太政大臣三条実美に次のような「貯金事務取扱之義ニ付上申」(18)を提出した。

すなわち、先の大蔵省への達によれば、今回の指示は、駅逓局貯金と併行して官庁・人民等の積立金を取り扱うことで貯金事業の拡張と人民の福利を増進しようという趣旨だと理解できる。だが、大蔵省が直接担当する貯金の預かり方や取り扱い方について、当省（農商務省）との協議がなされなければ貯金法について両省の間に齟齬が生じてしまい、結果としてその拡張が果たせないばかりか、人びとの疑惑を招き、信用を失ってしまうのではないか、と。

そのうえで、この「上申」は、現行の貯金法はまだ単純なもので、欧米各国の実施するところの一部に過ぎない、今後、「更ニ学校貯金法、職工貯金法及貯金切手発行等最モ有益ナル方法、将来創設セント欲スルモノ数多有之候処、明治八年以降実際貯金事務執行上経験スル所ニ拠レハ未タ遽ニ創設難致事況モ有之候ニ付、歩々順序ヲ踏ミ先後スル所ヲ考ヘ漸ク此等ノ貯金法ヲ創設致度ト存居候義モ有之」として、もしも大蔵省が扱う部分について当省が関与できないとなれば、こうした「多年ノ計画水泡ニ属シ貯金拡張ノ順序ヲ誤ルノ懸念モ有之」ので大蔵省が直接扱う貯金についても当省が協議できるようにしていただきたい、としたのである。

これに対して大蔵省側は当然のことながら反発した。財政の一元的な管理のもとでは、そもそも貯金業務は郵便局に便宜上行なわせているに過ぎず、その本来の業務ではないのだ。また、郵便貯金は「細民」の「救済慈恵」を目的として少額の資金を扱うものであって、官庁などのような規模の大きな積立金と同一視することはできない。さらに農商務省が将来創設を計画しているという「学校貯金」等は駅逓局だけで貯金事務を管理していた「昔日」にあってはありえた話だったかもしれないが、すでに本省との共管になった現在では徐々に「一般ノ預金方法」を設置すべきであり、「学校貯金」等もすべて本省の専管としなければ「預金全体上ノ整理」も難しくなってしまうだろう。農商務省の主張に対して、大蔵省はこのように真っ向から反論したのだった。

右のような貯金業務の所管をめぐる綱引きのなかに農商務省がもともと「学校貯金法、職工貯金法及貯金切手発行等」を創設する構想を有していたことが垣間見える。この計画には、先に紹介したマイエットが一八八三年ごろ農商務省に提出した「学校貯金法」に関する建議が反映していたとみることができる。

逓信省の創設

農商務省が貯金管理への主導権を保持し続けることになれば、これまで計画してきた「学校貯金法」等は実現に向かうかもしれない。反対に大蔵省だけの管轄になれば、そうした計画も「一般ノ預金方法」のなかに解消・埋没してしまう可能性が高い。ところが、事態はここで思わぬ方向に急旋回した。一八八五（明治十八）年十二月二十二日に太政官制が廃止され内閣制度が設けられると、それにともなって郵便貯金を専管する逓信省が設置されたのである。

逓信省の「逓」は駅逓から、「信」は電信からとったとされる。初代の逓信大臣には、旧幕臣の榎本武揚が就任し、次官には駅逓総監を務めていた野村靖が就いた。逓信省は、農商務省から駅逓局と管船局を、工部省から電信局と燈台局を引き継ぎ、それらに会計と庶務を併せた六局で出発した。一八八七年三月には機構改革が行なわれ、貯金事務は省内に新設された為替貯金局が担当することになった。ちなみに、今日も使われている「〒」マークは一八八七年二月に定められたもので、逓信省の「テ」を図案化したものだとされる。

この間、主要な教育関係雑誌上では、政府内の「学校貯金法」制定の動きに関してしばしば報道がなされている。たとえば、『教育報知』は「文部省に於ても夫々意見を附せられ駅逓局に於て学校貯金法の事を取扱はる、様になるやの噂あり」と伝えた(19)。『教育時論』でも「駅逓局貯金課にては小学生徒学資の貯金法を設けんと目下取調中なりと云」と報じられた(20)。これらの記事は西郷従道の「上申」に書かれた「将来創設セント欲スル」内容を裏打ちしている。ただし、農商務省と大蔵省とのあいだで綱引きが繰り広げられていた最中だっただけに、これらは、農商務省が「学校貯金法」の実現に向けて積極的に動き出していると世間にアピールするために流された情報だった可能性も否定はできない。

ともあれ、逓信省が発足し、そのなかに駅逓局は温存される格好になったから「学校貯金法」はいよいよ実現してもおかしくはなかったはずである。ところが、結局「学校貯金法」は日の目を見ることなくそのままお蔵入りとなってしまった。原因の一つは学校教育を所管する文部省の消極的な姿勢にあった。「学校貯金所」の開設を公然と指示することはないと文部省関係者が述べたという、先のマイエットの証言が傍証となるだろう。当時、文部省にとっては低迷を続ける就学者の増加こそが最大のミッションだった。一八八五年の時点で小学校への就学率は、四九・六パーセントと就学者は学齢児童の半数にも満たなかった(21)。小学校では、原則的に授業料が徴収されており、いわゆる松方デフレによる農村の窮乏化が進行するなかで貧困を理由とする不就学者や中退者が後を絶たなかった。このため、貯金奨励が就学奨励の足を引っ張ってしまっては元も子もなかったのである。

第2章

学校貯金の誕生

1　地域での試み

石川県での先駆的実践

学校貯金の実践は、中央政府からの指示によってではなく、地域において自主的に検討がなされ始まった。農商務省と大蔵省とのつば競り合いのなかで前面にせり出してきた「学校貯金法」構想が後景に退くと、それと入れ替わるようにして個別地域での実践が浮上してくるのである。そのもっとも初期のものとみられる取り組みは石川県で試みられた。マイエットの講演を主催した大日本教育会が一八八七（明治二十）年六月に刊行した機関誌『大日本教育会雑誌』に「石川県江沼郡小学校生徒貯金状況」と題する記事が掲載されたのである。そこには、マイエットの演説がどのように世間に影響するだろうかと見ていたところ、今回初めて石川県江沼郡からの情報に接しえた、と編集者が付記している。記事には次のようにある。

本郡〔江沼郡〕ニ於テハ小学生徒ヲシテ勤倹ノ慣習ヲ得セシメンカ為ニ客年小学校生徒貯金規則ヲ達セラル、依テ各教員ハ父兄及生徒ニ貯金ノ必要ヲ説示セリ、然レトモ此事タル或ハ言フヘクシテ行ハレ難キヲ憂ヘ、或ハ世上ノ一問題タル児童ニ金銭ヲ持タシムルハ有害無益ノ論者モアリシカ、本年一月ヨリ実施セシニ実際却テ之ニ反シ頗ル予想外ノ結果ヲ得タリ(1)

石川県江沼郡では「小学校生徒貯金規則」が出されたので、教師が親や子どもに貯金の必要を説き、一八八七年一月から実施したところ「予想外」によい結果が得られた、というのである。「予想外」の好結果という評価は、同郡にある小学校五三校のうち二六校が学校貯金を実施し、生徒八一八名が総額六一円余りを実際に貯金しているというデータに基づくものだった。

江沼郡は、どうして規則を制定し学校貯金に取り組みはじめたのだろうか。もともと北陸は、序章でふれたように勤勉や節倹をその倫理やエートスに位置づける浄土真宗の門徒が多かった。明治前期のデータによれば、石川県のうち江沼郡を含む加賀四郡は、真宗寺院が寺院全体の七〇パーセントを超えるという、真宗の影響が極めて強い地域だったことが指摘されている(2)。

しかし、そうした歴史的背景に加えて、直接的な契機を検討しなければならない。じつは江沼郡の規則制定に先行して石川県では次のような動きがあった。一八八六年三月に開催された石川県教育会に「学校教場生徒貯金規則」が諮問されていたのである。石川県教育会というのは、一八八三年に開設された県の教育諮問機関である(3)。ただし、そこでの議決は県当局の施策を拘束するものではなかった。会長には県令が就任することになっていたが、この時は県少書記の徳久恒範が務めていた。会員（＝委員）には、各郡区の学務担当郡区書記、戸長、町村立小学校教員がそれぞれ九名、小学督業四名、県会議員五名のほか、石川県師範学校長心得、石川専門学校長、石川県医学校長代理教諭、農業講習所長代理教諭が名を連ねていた(4)。県が諮問した「学校教場生徒貯金規則」の原案は伝わっていないが、会議での議論から小学校と小学教場（第三次「教育令」で示された小学校にかかわる授業料無償の簡易な学校）を通じて子どもたちに貯金をさせることをめざした規則だったことがうかがえる。

だが、会議では県の諮問案に対して廃案にすべしとの意見が多く出された。理由は三つあった。それは、第一に生徒の父母たちの現下の経済状況に適していない、第二に生徒はそもそも金銭をもっていない、第三に最低預入金額に達するまでの金銭の保管により教員が繁忙になる、というものだった。これに対して、子どもの時から「節倹法」を身につけることこそ「今日不景気ノ困難ヲ挽回スル良法」である、家業の手伝いをして少額の金銭をもっている子どももいる、教師の手間はたいしたものではない、との意見が対置された。しかし結局、県当局の提案は反対多数で否決された。学務担当郡区書記と戸長では賛成意見が多かったが（賛成一〇名、反対七名、欠席一名）、県会議員は出席者全員が反対した（一名欠席）。教員では八名が反対した。賛成したのは石川郡の教員だけだった。小学督業も三名が反対し、専門学校・師範学校・農業講習所の各代表も反対に回った（医学校は欠席）。現場を知る教育関係者に反対の声が強かった(5)。

ところが、会長の徳久は翌日、次のように述べて「学校教場生徒貯金規則」を再議に付した。

学校生徒ニ貯金セシムルコトハ敢テ今日ニ創リシニ非アス《ママ》、白耳義ヲ初メ欧米各国ニハ夙ニ実施スル所ニシテ其効益甚多シ、今日我国民間ノ困難ニ陥リシモ其原因ノ重ナルモノ多クハ奢侈ニアリ、元来我国人情ノ奢侈ニ流レ易キハ蔽フヘカラサル事実ニシテ心有ル者ノ常ニ痛嘆措ク能ハサル所ナリ、今ニシテコレカ救治ノ策ヲ施サ、レハ如何ナル極度ニ達スルヤ測リ難シ、コレカ救治ノ策種々アリト雖モ幼少ヨリ勤倹ノ徳ヲ養ハシメ奢侈ノ風習ニ染マサル様注意スルコソ肝要ナレ、コレ生徒貯金規則等ヲ本会ニ附スル所以ナリ、各員幸ニ此処ニ意ヲ注キ休憩時間ニ於テ充分熟考ノ上至当ノ議決アレ(6)

徳久は、ベルギーを始め欧米各国で学校貯金はすでに実施されている。今日不況の原因は奢侈にあるので、それを防ぐために子どものころから「勤倹ノ徳」を養成することが大切なのだと訴えたのである(7)。提案に対して、貯金を強制するわけではないのでよいではないかとの賛成意見や、再議を求めるほどに「県庁ニ於テモ余程必要ト認メラル、ナラン」と、徳久の発言に一定の理解を示すものもいた。しかし、他方で授業料を徴収しない小学教場に通う児童には貯金など思いもよらないし、小学校では授業料のうえにさらに貯金など求めると父母が「如何ナル感覚ヲ起スヤ測リ難シ」などという反対意見も根強く出された。議論は平行線をたどり、採決の結果、またしても賛成少数で廃案となった(8)。
ところが、石川県はそれから約一か月後の四月二十九日、次のような「学校生徒貯金準則」を告示したのである。

学校生徒貯金準則

第一条　学校ニ於テハ生徒ニ勤倹ノ徳ヲ行ハシメン為メ其労働若クハ父母尊長等ヨリ得タル金銭ノ幾分ヲ貯蓄セシムヘシ、尤貯金ヲ為サシムルニハ強迫ノ方法ヲ用ユヘカラス
第二条　学校ニ於テハ生徒ノ貯金ヲ預ルヘシ
第三条　学校ニ於テハ貯金預渡通帖ト貯金預渡台帖トヲ製シ通帖ハ生徒ニ渡シ置キ台帖ハ学校ニ備ヘ置キ出納ヲ明確ニスヘシ
第四条　学校ニ於テハ明治十五年十二月布告郵便条例第十三章ニ従ヒ生徒ノ貯金ヲ駅逓局ヘ預ケ入レ払ヒ戻ス等ノ手続ヲナスヘシ
第五条　駅逓局ヘ預ケ入ル、コトヲ得サル端数ノ金員ハ便宜確実ノ方法ヲ以テ保管スヘシ
第六条　死亡退学其他止ムヲ得サル事故理由アルトキハ該生徒ノ貯金ヲ払ヒ戻スヘシ
第七条　此準則ニ基キ貯金ニ関スル一切ノ細則手続等其県立学校ニ係ルモノハ該学校長其町村立学校ニ係ルモノハ該郡区長ニ於テ之ヲ定メ県令ニ開申スヘシ(9)

この「準則」は、府県レベルで制定された、おそらく全国初の学校貯金に関する規則である。この間、「教育令」が「小学校令」にかわったため小学教場がなくなったことにより「教場」の文言が取り除かれているが、先の石川県教育会に提案された「学校教場生徒貯金規則」をもとにしたものとみて間違いない。議論の内容をどの程度取り入れたのか不明だが、県は二度の否決にもかかわらず、教員たちの声を押し切るかたちで制定に踏み切ったのである(10)。

「準則」によれば、「生徒貯金」の目的は「勤倹ノ徳」を生徒に実践させることにあり、そのために自らの労働で得た金銭か、父母等から得た金銭の一部を貯金させるとした。ただし強制してはならない。生徒には通帳を渡し、学校には台帳を備えて出納を明瞭にすること、預かった金銭は駅逓局に預ける、すなわち郵便貯金とするとした。最低預入金額に達するまでの端数は確実な方法で保管するとし、死亡・退学などやむを得ない事情がなければ貯金の払い戻しはしないとした。郡区には細則・手続きを制定し、県当局に申し出るよう指示していた。

先にみた『大日本教育会雑誌』の伝える江沼郡の「小学校生徒貯金規則」は、この「準則」に基づいて制定されたものだったのである。その後「準則」には一八八七年五月に第七条として「郡区長ハ毎年六月十二月左ノ表ヲ製シ県庁及郡区内ニ報告スヘシ、但県立学校生徒ノ貯金ハ本文ニ準シ該学校長ヨリ県庁ニ報告スヘシ」(表は略す)が挿入された(11)。「成果」を公表することで競争をあおり、奨励の実をあげようとしたとみられる石川県での実践には文部省も関心を寄せていた。『文部省第十五年報』は学校貯金に関する初めての報告を載せているのだが、そこでは石川県の師範学校附属小学校で実施している取り組みのうち「利益」あるものとして「生徒貯金法」が紹介された。また、県内の町村立小学校でも「生徒ニ貯金法ヲ実施」しているとして、それを「良慣習ト謂フヘシ」と評している(12)。先に述べたように文部省は「学校貯金法」制定には二の足を踏んでいたのだが、地域での自主的な実践については積極的に評価するというスタンスをとっていたのである。

他府県への拡大

石川県での先駆的な取り組みに続いて東京府北豊島郡でも動きがみられる(13)。翌一八八八(明治二十一)年になると府県レベルでの取り組みが急速に広がっていく。同年三月五日付の『教育時論』には、福岡県で県下の各高等小学校長を集め「小学生徒貯金規則」について議論をさせた、との記事が見出される(14)。愛知県でも三月二十九日に知事が愛知教育会に「小学校生徒貯金法」の実施方法を諮問し(15)、それを受けて四月に具体的な「方法準則」が答申された(16)。

これらは、いずれも実現までには至らなかった。しかし、この年の四月には富山県が「小学校生徒貯金準則」を公布した(17)。するとそれを皮切りに、島根(18)、福島(19)、秋田(20)、山口(21)の各県で県レベルの学校貯金に関する規程が実際に制定された。一八八九年には広島で「小学校生徒貯金規則」(22)が、徳島でも「小学校生徒貯金準則」(23)が出され、一八九三年には栃木(24)、静岡(25)、一八九五年には長崎(26)が続いた。このように一八九〇年代前半には府県ごとに学校貯金実施のための規程が次々と制定されていったのである。

府県レベルでの規程の制定は、貯金をする子どもの人数を増やすという点でかなり効果的だったとみられる。『郵便為替貯金事業概要』と『文部省第二十三年報』のデータを使い、一八九五年度の時点で貯金をしていた「学生生徒」数とその小学生数に対する比率を府県別に割り出してみると表1のようになる。比率自体はまだまだ低いものの、第一位は静岡、以下、島根、富山、長崎、秋田、広島と、先に名前をあげた県が続くことがわかる。貯金をする子どもの増加は、経済的に先進地域だった東京や大阪、愛知などの都市部ではなく、むしろ周辺的な地域で学校貯金に関する規程が制定されることで始まったのである。

規程が制定された府県で貯金をする生徒が増加したのは、その規程を受けて郡レベルで「規則」が制定されていったためでもある。石川県の場合、「学校生徒貯金準則」を受けて郡ごとに「規則」が定められた。先に述べた江沼郡以外には、珠洲郡で一八八七年三月に「珠洲郡小学校生徒貯金規則」が制定された(27)。羽咋郡でも一八八九年二月に「羽咋郡小学校生徒貯金取扱規則」が出された(28)。ただし、その多くは「学校生徒貯金準則」をほとんどそのままなぞったものだった。

しかし、府県レベルの規程に基づいて、郡レベルでより具体的で詳細な「規則」を定めた県もある。島根県は、一八八八年五月に石川県の「準則」とほぼ同じ内容の「小学校生徒貯金規程」を制定した(29)。その第七条には「此規程ニ基キ貯金ニ関スル一切ノ細則ハ郡長ニ於テ之ヲ定メ県知事ニ開申スべシ」とあった。それを受けて、島根・秋鹿・意宇の三郡の郡長だった大野義就は、一八八八年九月十九日に各町村戸長および各小学校長に宛てて次のような「小学校生徒貯金細則」を出した。

小学校生徒貯金細則

第一条　生徒貯金セントスルトキハ現金ヲ校長ニ差出スヘシ

但校長ハ生徒ヘ領収簿ヲ渡シ置クヘシ

其書式左之如シ

表1　各県における貯金をしている「学生生徒」数と全小学生に対する比率（1895年度）

府県	貯金をしている「学生生徒」	小学生数に対する比率（%）
静岡	16,335	15.2
島根	7,605	12.1
富山	5,893	7.3
長崎	2,863	4.9
秋田	2,759	4.7
広島	4,350	3.3
山梨	1,298	2.9
高知	933	2.2
香川	1,208	2.1
群馬	1,549	2.0
北海道	695	1.6
福島	1,548	1.6
石川	1,141	1.6
奈良	867	1.6
京都	1,185	1.5
徳島	765	1.5
東京	1,709	1.3
栃木	792	1.0
神奈川	728	1.0
福岡	1,078	1.0
佐賀	562	1.0
三重	883	0.9
兵庫	1,193	0.9
岡山	875	0.9
山口	599	0.8
青森	274	0.6
茨城	587	0.6
埼玉	538	0.6
福井	300	0.6
長野	681	0.6
和歌山	271	0.6
大分	381	0.6
新潟	668	0.5
岐阜	412	0.5
千葉	402	0.4
滋賀	281	0.4
鳥取	126	0.4
愛媛	275	0.4
岩手	192	0.3
宮城	344	0.3
愛知	355	0.3
山形	175	0.2
大阪	269	0.2
熊本	144	0.2
鹿児島	128	0.2
宮崎	53	0.1
沖縄	2	0.0

（出典：1895 年度の『郵便為替貯金事業概要』および『文部省第二十三年報』より引用者が算出）

通帳番号		住所姓名		
年月日	領収金額	預入金額	払戻金額	備考

裏面

此領収簿ハ極メテ鄭重ニ保存スヘシ若シ紛失セシトキ其事由ヲ詳記シ父兄或ハ後見人ノ証明書ヲ得ルニアラザレバ書換ヲナサス

何郡第何番学区何々尋常小学校

校長

年　月　日　何　某　印

第二条　校長現金ヲ領収シタルトキハ貯金台帳ニ登記シ并セテ領収簿ニ割印シ駅逓局ヘ預入ノ手続ヲナスヘシ

但十銭ニ満タサル金員ハ戸長ト協議ノ上保管スヘシ

第三条　貯金通帳ハ校長之ヲ保管スヘシ

第四条　死亡及退学ノ外尚左ノ一項若クハ数項ニ該当スルモノハ戸長協議ノ上貯金払戻ノ手続ヲナスヘシ

　但渾テ払戻ヲ要スルトキハ父兄或ハ後見人ノ証明書ヲ領収簿ニ添テ校長へ差出スヘシ

第一項　他学校へ転スルトキ

第二項　父母災害ニ罹リシトキ

第三項　修学用具ヲ購求スルトキ

第五条　校長ハ毎年一七月十日限リ左之書式ニ拠リ生徒貯金調査表ヲ製シ戸長ヲ経テ郡長へ届出ツヘシ

何学区某学校生徒貯金調査表

生徒人員	金　円	前年比較増減
何百人	何十円	
男何十人	何円	
女何十人	何円	

右之通候也

年月日　　　校　長　名

郡長宛

第六条　貯金台帳ハ左ノ書式ニ拠リ調製スヘシ

通帳番号		住所姓名		
年月日	領収金額	預入金額	払戻金額	備考

(30)

この「細則」から、学校貯金の実際の手続きがどのように進められようとしていたかがよくわかる。預け入れのときには、まず子どもたちは「現金」を校長に差し出す。校長は、受け取った金額を「貯金台帳」に記入し、生徒一人ひとりの「領収簿」に割り印をして「領収簿」は生徒に返す。最低預入金額の一〇銭に達した現金は校長が郵便局に預け入れるのだが、それまでは戸長と協議して保管する。貯金通帳は校長が管理する。一方、払い戻しは、死亡、退学の他、転校、罹災、学習用具購入の場合でなければ認めない。止むを得ず払い戻しを求める生徒は、理由を証明する書類を「領収簿」に添えて校長に提出し、校長と戸長との協議のうえで払い戻しがなされる、ということになっていた。

同様の「細則」は、出雲・楯縫・神門の三郡でも出されていた。そこでは通帳は児童に渡すという違いはあったが、一〇銭未満の現金の保管、郵便局への預け入れの手続きや「帳簿」の調製・記入は校長が担当することになっており、また払い戻しの際には書面を校長に提出することが求められるなど、島根・秋鹿・意宇の三郡と同じ様な内容だった(31)。

これらの諸規程にうかがわれるのは、県や郡の当局が学校貯金の目的を「勤倹」の習慣づけに置き、そのために詳細な手続きを定めたうえで、「成績」の公表により学校同士や郡のあいだの競争を煽り、成果を高めようとしていたことである。しかし、一方で通常の金銭の受払にかかる書類作成や最低預入金額に満たない現金の保管は校長が行なうことになっていたため、手続きにともなう煩雑さがその普及を抑制してしまう可能性があったことにも注意しておかねばならないだろう。

2　授業のなかの勤倹貯蓄

教育勅語の「恭倹」

一八九〇年代に入ると学校貯金の普及を後押しする状況が生じてくる。その一つが一八九〇(明治二十三)年十月に「教育ニ関スル勅語」が発布されたことである。教育勅語は、日本の教育の根本を天皇制の「国体」論に求め、「父母ニ孝」を始めとして臣民が実践すべき一六個の徳目を列記したうえで、それらを「皇運」の扶翼に統合し、最後にそれが普遍的なものであると宣言したものだった。全国の学校には教育勅語の謄本が配布され、紀元節や天長節などの学校儀式での奉読が義務づけられた。修身科を中心とした授業のなかでも教育勅語の指導がなされ、子どもたちには全文の暗記や暗写が求められた。

教育勅語が天皇制イデオロギーを国民に浸透させる点で重要な役割を果たしたことは、教育史研究において繰り返し指摘されてきたところである。

だが、ここでは教育勅語がそれにとどまらない意味をもっていたことにも注目しておきたい。勅語のなかで列挙された徳目の一つに「恭倹己ヲ持シ」というものがあった。「恭倹」は、今日、辞書を引くと、「他人にはうやうやしく、自分は慎みぶかく行動すること」などと説明されている。だが、当時、数多く刊行されていた「衍義書」と総称される、教育勅語の解説本を紐解くと、この徳目の意味がさらに敷衍されていたことがわかる。

もっとも有名な衍義書のひとつである井上哲次郎『勅語衍義』をみてみよう。著者の井上は、帝国大学文科大学で教授を務め、哲学の権威として名高い人物だった。同書には「恭倹己ヲ持シ」について次のような説明がある。

奢侈ハ無用ノ費ヲ致シテ、或ハ産ヲ破リ家ヲ潰スノ始メトナル、故ニ節倹ヲ守リ、濫用浪費ノ弊ヲ防ギ、余財アラバ或ハ之レヲ貯蓄シテ、独立ノ道ヲ図リ、或ハ之レヲ国家有益ノ事ニ応用スベシ、一人ノ倹約ハ、一国ノ倹約ナリ、一人富メバ、一国亦富ム、一国ハ一人一人ヨリ成レルモノナレバナリ、故ニ蓄財シテ富ヲ致スハ、人ノ良徳ト称セザルヲ得ズ(32)

「節倹」し貯金することで独立をめざし、あるいは国家有益のことに利用すべきだというのである。別の衍義書である加舎稔編『教育勅語例解』は、より具体的に「貯金ハ必要ナリ」として、次のように記している。すなわち、突然に金銭が必要となることは甚だ多い。医師の診察代や治療費、病気やけがをした親類や友人への見舞い、死亡の際の香典などの場合だ。もしも貯金がなければ財産を失い、親類や知り合いの厄介となって、ついには「一家窮餓」に陥ることさえないとはいえない。そこでふだんから貯金して突然の備えとするのはもっとも大切な心がけだ。「貯蓄心」は幼時から養成しなければならないので、縁日や祭礼、節句の祝などで金銭を受け取ったら無駄遣いせず、貯金して必要品の購入や義捐に充てるべきである。貯金には郵便貯金、銀行預金、学童貯金などがある。貯金は「塵積リテ山トナル」を実行するものなので一時に多くを望んではいけない。貯金は人を勤勉・誠実にし、快楽を与えるものだ。日本人が貯蓄心に富むときは「国家ノ緩急」に際して公債に応募し、軍資金を献納し国光を発揚することができるのだ、と(33)。

このように衍義書のなかには、教育勅語が臣民に実践を求めた徳目のうち「恭倹」については「節倹」「倹約」ひいては「貯金」の意味を与え、そのうえでそれが個人的な意義だけでなく国家的な意義を有しているのだと説明するものがみられた。天皇制イデオロギーによる国民統合を企図した教育勅語に盛り込まれた徳目については、全体として儒教的色彩を帯びており、近代的な粉飾を施されながらも、「近代思想」を反映したものではなかったことがこれまで強調されてきた(34)。しかしここで重要なのは、それらの解釈において近代的な勤倹貯蓄の奨励を通して貯金という個人の生活防衛的な振る舞いが国家的意義に直結していることを明示したことである。こうして教育勅語は、学校での勤倹貯蓄の習慣形成にお墨付きを与え、学校貯金の普及を背後から力強く支えるものになったとみられる。勤倹貯蓄の重要性は、日露戦争後の一九〇八年十月に出された、教育勅語を補完するものとして位置づけられる「戊申詔書」においてさらに明確に示されることになるが、そのことは後に述べることにしたい。

修身科における勤倹貯蓄

教育勅語の発布と前後して小学校の教科のなかで勤倹貯蓄の徳目や知識を身につけることが求められていく。一八九〇（明治二十三）年に制定された第二次「小学校令」は、初めて小学校の目的を明示した。それは、児童の身体の発達に留意しながら、道徳教育、国民教育と並んで、生活に必要な普通の知識・技能を教授するというものだった。この目的に関する規定は、一九四一（昭和十六）年に出される「国民学校令」まで変更されることなく五〇年以上にわたって維持されていく。

この「小学校令」を受け、各教科の内容を規定するために制定されたのが「小学校教則大綱」である。そこでは小学校の教科目のうち修身科について次のように示された。

修身ハ教育ニ関スル　勅語ノ旨趣ニ基キ児童ノ良心ヲ啓培シテ其徳性ヲ涵養シ人道実践ノ方法ヲ授クルヲ以テ要旨トス

尋常小学校ニ於テハ孝悌、友愛、仁慈、信実、礼敬、義勇、恭倹等実践ノ方法ヲ授ケ殊ニ尊王愛国ノ志気ヲ養ハンコトヲ務メ又国家ニ対スル責務ノ大要ヲ指示シ兼ネテ社会ノ制裁廉恥ノ重ンスヘキコトヲ知ラシメ児童ヲ誘キテ風俗品位ノ純正ニ趨カンコトニ注意スヘシ

高等小学校ニ於テハ前項ノ旨趣ヲ拡メテ陶冶ノ功ヲ堅固ナラシメンコトヲ務ムヘシ
女児ニ在リテハ殊ニ貞淑ノ美徳ヲ養ハンコトニ注意スヘシ
修身ヲ授クルニハ近易ノ俚諺及嘉言善行等ヲ例証シテ勧戒ヲ示シ教員身自ラ児童ノ模範トナリ児童ヲシテ浸潤薫染セシメンコトヲ要ス

修身科では教育勅語の趣旨に基づいた教育を行なうように述べたうえで、教えるべき具体的な徳目を明示した。そのなかには右で述べた「恭倹」が位置づけられていた。

「小学校教則大綱」は、また具体的な教育内容を記した「教授細目」の作成を各学校に義務づけた。そこで、各府県のモデル校としてその地域の学校に大きな影響を与えた師範学校附属小学校が作成した「教授細目」をみてみよう。

『青森県尋常師範学校付属小学校教授細目』は、修身科において「節倹の話」をすることとし、尋常小学校三、四年生には「塵つもりて山となる」、高等小学校一、二年生には「足ることを知るものは富む」、同三、四年生には「入るを量りて出るを制す」という箴言を話し聞かせるものとしていた(35)。『埼玉県尋常師範学校附属小学校教授細目』では「金銭ハ用アルコトニ使フベキコト」「金銭ヲ弄フ可ラサルコト」「勤倹ハ家ヲ保ツノ道タルコト」などを教えるとしていた(36)。各地の学校は修身科の授業のなかで勤倹貯蓄の道徳を指導することにしていたのである。

修身教科書のなかに勤倹貯蓄にかかわる徳目が盛り込まれたことはいうまでもない。たとえば、当時の検定教科書のうち一八九二年に刊行された末松謙澄著『小学修身訓』中巻には「倹約」という項目があり、「人は倹約とて、むだごとをなさず、よろづ、つゞまやかにすることをつとむべし」とある。また別の項では、「水戸の義公〔光圀〕は、倹約の行ひあつかりし人なり」として「紙などにても、むだにはつかはず、外より来る手紙にても、白きところをば、きりつがせて用」いたというエピソードを紹介している。下巻にも「倹約」の項目があり、今日でもよく知られている「山内一豊の妻」の話も掲載されていた(37)。

東久世通禧著『小学修身書』も巻之一で「節倹」、巻之二と三で「倹約」の説明と教訓、人物の逸話を掲げた(38)。たとえば巻之三の「倹約」の項には「いかなる物も、大切にして、そまつにせざるを、倹約といふ。倹約をまもらざるときは、富みたるものにても、つひには、其の家をたもつことあたはざるに至る。倹約とは、無益のことには、少しのつひえをもはぶき、有益のことには、いさゝかも、をしむことなきをいふ。たゞ利慾にのみふけりて、有益のことにも、財ををしむは、吝嗇といひて、甚賤しむべきものなり。困窮は倹約ならざるよりおこれり」とある。「家」を継承していくためには倹約が重要であること、それは「吝嗇」とは異なることなどを説明し、糸一本さえ無駄にはしなかったという江戸時代の大名土井利勝のエピソードを紹介している。

こうした教科書の記述は、伝統的な「倹約」の説明にとどまり、近代的な勤倹貯蓄の奨励までは至っていないようにみえるかもしれない。確かにこれは、この時の修身教科書の編集方針に規定された限界でもあった。一八九〇年代の修身教科書の多くは、いわゆる人物主義に基づいて編集されていた。人物主義とは主として歴史上の人物の逸話を用いる編集方針のことで、徳目の解説に終始する徳目主義の味気なさを克服し、子どもの興味を惹くことをねらったものだった。このため、教科書に登場するのは、ある程度名前の知られた、評価の定まった人物でなければならなかった。それゆえに取り上げられたのは、水戸光圀や山内一豊の妻など、いずれも近代的な金融制度とは無縁の時代の人物だったから、郵便局や銀行などへの貯金の話を盛り込むことがそもそも困難だったのである。

とはいえ、教育現場では、そうした教科書を使いながらも具体的な指導のなかで伝統的な勤倹貯蓄を近代的なそれへと読みかえていくことはなされていた。たとえば、愛知県の知多郡聯合教育会が作成した『尋常小学教授細目』によれば、修身科では右の東久世通禧著『小学修身書』を用いることになっていたが、すべての学年の「倹約」の単元では「貯金ニ付キテノ心得」を指導することになっていたのである(39)。

算術科と貯金

しかし、じつのところ修身科だけが勤倹貯蓄の徳目や知識の教育にかかわっていたわけではない。見逃せないのは算術科が少なからぬ役割を果たしていたことである。近代日本の算術教育史について論じた桜井恵子によれば、もともと小学校での算術科は、明治十年代にはペスタロッチの直観主義の影響下にあった。そこでは子どもの「直観」が重視され、日常生活に必要な計算のための知識や技能の習得よりも、むしろその思考力の育成を目的としていた。それがこの時期、ドイツの算術教育の影響を受けて

「社会生活適応重視」へと転換したとされる(40)。

「小学校教則大綱」では算術科について次のように記している。

算術ハ日常ノ計算ニ習熟セシメ兼ネテ思想ヲ精密ニシ傍ラ生業上有益ナル知識ヲ与フルヲ以テ要旨トス

尋常小学校ニ於テハ初メハ十以下ノ数ノ範囲内ニ於ケル計ヘ方及加減乗除ヲ授ケ漸ク数ノ範囲ヲ拡メテ万以下ノ数ノ範囲内ニ於ケル加減乗除及通常ノ小数ノ計ヘ方ヲ授クヘシ

初年ヨリ漸ク度量衡貨幣及時刻ノ制ヲ授ケ之ヲ日常ノ事物ニ応用シテ其計算ニ習熟セシムヘシ

尋常小学校ニ於テ筆算若クハ珠算ヲ用ヒ又ハ筆算珠算ヲ併セ用フルハ土地ノ情況ニ依ルヘシ

高等小学校ニ於テハ筆算ヲ用ヒ初メハ度量衡貨幣及時刻ノ計算ヲ練習セシメ漸ク進ミテハ簡易ナル比例問題ト通常ノ分数小数トヲ併セ授ケ又学校ノ修業年限ニ応シ更ニ稍複雑ナル比例問題及日常適切ノ百分算ヲ授ケ土地ノ情況ニ依リテハ開平開立及簡易ナル求積若クハ日用簿記ノ概略ヲ授ケ又ハ珠算ヲ用ヒテ加減乗除ヲ授クヘシ但尋常小学校ニ於テ珠算ノミヲ学ヒタル者ニハ最初筆算ヲ用ヒテ加減乗除ヲ授クヘシ

算術ヲ授クルニハ理会精密ニ運算習熟シテ応用自在ナラシメンコトヲ務メ又常ニ正確ナル言語ヲ用ヒテ運算ノ方法及理由ヲ説明セシメ殊ニ暗算ニ熟達セシメンコトヲ要ス

算術ノ問題ハ他ノ教科目ニ於テ授ケタル事項ヲ適用シ又ハ土地ノ情況ヲ斟酌シテ日常適切ノモノヲ

撰フヘシ

「日常ノ計算」の習熟や「生業上有益ナル知識」の付与などが前面に出てきているところに「社会生活適応重視」の方針が端的にうかがわれる。

こうした「小学校教則大綱」の内容は各学校ではどのように具体化されたのだろうか。先ほどと同様に師範学校附属小学校の「教授細目」をみてみよう。高等小学校の算術科においてほとんどの場合、元金や利子（単利や複利）というものがどのようなものであり、それはどのように計算するのかということを説明することになっていた（尋常小学校では計算が難しいため利子などは扱われなかった）。たとえば『千葉県尋常師範学校附属小学校教授細目』では高等小学校の三、四年において「駅逓局及ビ銀行貯金利子ノ計算」を教授することになっていた(41)。

少し後のものだが『東京高等師範学校附属小学校教授細目』は、算術科では子どもが現在あるいは将来出会う「事実問題」を解釈・処理できるようにするために必要な「経済上、社会上ノ事実」や、他の教科で教授した事項のなかに含まれる数および数の関係を理解させ、その取り扱い、計算に習熟させ「生活上必須ナル知識」を与え「思考ヲ練磨精確」にし「外物ニ関スル知識」を修得させることに留意するとしていた。そのうえで、算術科の問題もそれにかかわるものから取られるべきであるとしていくつか例示したのだが、そのなかに、「慈善・公共・勤勉・貯蓄・衛生・改良進歩等ニ関スル計算ハ此等ノ諸徳ニ関スル、強盛ナル意志ヲ喚起ス。サレバ、此類ノ問題モ逸スベカラズ」とあった(42)。

図４　『訂正新編帝国読本』

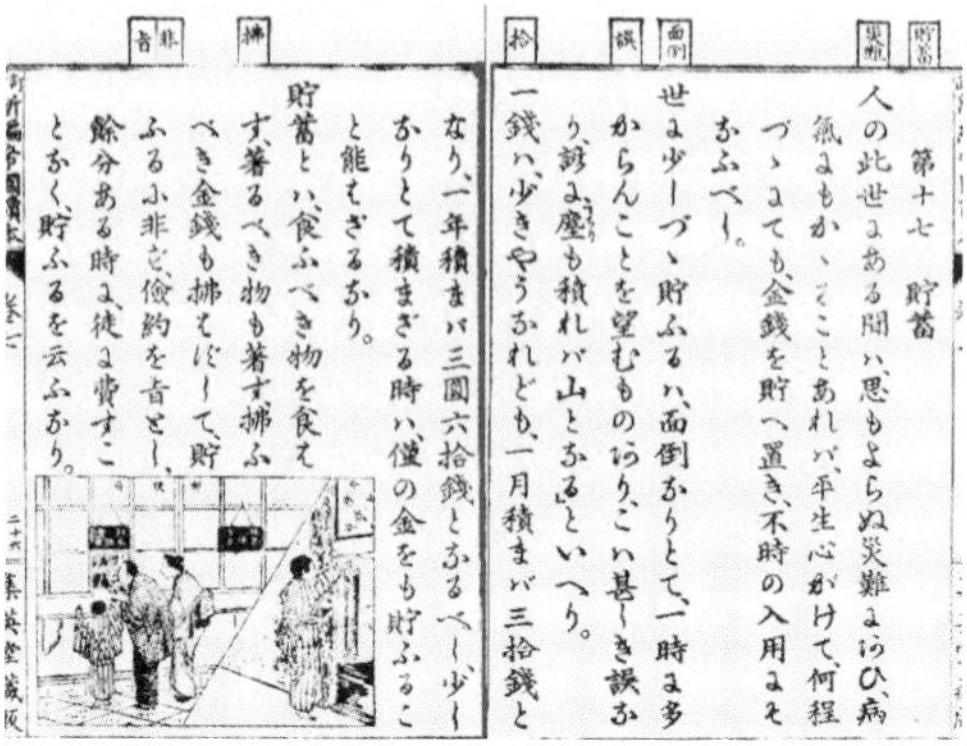

第十七　貯蓄

人の此世にある間ハ、思もよらぬ災難にあひ、病氣にもかゝることあれバ、平生心がけて、何程づゝにても、金銭を貯へ置き、不時の入用にそなふべし。

世に少しづゝ貯ふるハ、面倒なりとて、一時に多からんことを望むものあり。これハ甚しき誤なり。諺に塵《ちり》も積れバ山となるといへり。

一錢ハ少きやうなれども、一月積まバ三拾錢となり、一年積まバ三圓六拾錢となるべし。少しなりとて積まざる時ハ、僅の金をも貯ふること能はざるなり。

貯蓄とハ、食ふべき物を食はず、着るべき物も着ず、拂ふべき金錢も拂はずして、貯ふるに非ず。儉約を旨とし、餘分ある時に、徒に費すことなく、貯ふるを云ふなり。

（学海指針社、1898年）

算術科の代表的な教科書について検討してみると、一八八七（明治二十）年に刊行された中条澄清『小学尋常科筆算書』では、巻之二で「毎日二十五銭宛郵便局へ預ルトキハ七日ニテ其金高何程ナリヤ」、巻之三で「親ハ毎日八十六銭、子ハ四十一銭宛得テ親ハ五十一銭、子ハ十二銭宛費シ残リヲ貯ルトキハ一ケ月即チ三十日間ニテ何程ノ貯金ナリヤ」との応用問題が掲載されているのを見出すことができる(43)。

一八九三年に出版された竹貫登代多『尋常小学筆算教科書』巻三にも「貯蓄金七百六十九円アリ、今七ヶ月間ニ千円ニナサントスルニハ一ヶ月ニ幾円宛貯金スベキカ」との例題があった。利子の計算には及んでいないが、尋常小学校でも貯金にかかわる出題がなされていたことがわかる(44)。貯金は、かけ算やわり算の応用問題に使われる恰好の材料を提供したのであり、そのことが貯金に関する知識を教えることにつながったのである。

修身科や算術科だけではない。現在の国語科にあたる読本という授業の教科書のなかでも具体的な貯金の知識やその重要性が伝えられることがあった。一八九八年刊行の尋常小学校の検定教科書『訂正新編帝国読本』が代表的であろう（図4）。この教科書の巻七には、郵便局で貯金をする家族連れの姿が描かれており、「平生心がけて、何程づゝにても、金銭を貯へ置き、不時の入用にそなふべし」などと記されている。しかも、郵便貯金が「最も手軽にして便利」とし「月々元利を加へ、一年毎に其利を元金に加ふれば、僅の元金も知らぬ間に、多分の高となるべし」と、利子についても解説している(45)。

学校貯金は、〈教育の論理〉に基づいて実施されるようになったのだが、これまでみてきたように、さまざまな教科目の授業における近代的な勤倹貯蓄の態度・知識の指導とあいまって機能することになったのである。

3　学校貯金をめぐる議論

さまざまな批判

勤倹貯蓄が教育勅語や戊申詔書などの後ろ盾を得た望ましい徳目であり、授業のなかで教えられるべきものと位置づけられたとしても、つねに学校貯金が手放しで称讃されていたわけではなかった。学校貯金には少なからぬ批判が加えられていたのである。このため学校貯金を奨励・推進しようとする立場の者たちは、こうした批判を意識し、それへの反論を示しながら自己の主張を展開していくことになった。

学校貯金批判は大きく次の三つに分けられる。一つは、学校貯金を扱う以前に、そもそもそこで前提とされている事柄に問題があるとするものである。ここでは「前提説」と呼んでおこう。二つめは、学校貯金を実施することによって生じうる弊害を指摘することで批判するもので、「弊害説」と称することにする。そして三つめは、学校貯金を実践しても何らかの理由により、期待するような効果は得られないとして批判するものである。これは「無効果説」と呼んでおきたい。これらの批判は、具体的にどのようなことを内容としていたのだろうか。

初めに「前提説」をみておこう。これはさらに二つに分けられる。一つは学校貯金が目的としている勤倹貯蓄という態度・習慣の養成は果たして学校が行なうべきものなのか、という点を問題にし、それは学校の本来の任務ではなく、むしろ家庭が受け持つべき事柄だとして、学校貯金の意義を根底から覆そうとするものである。

学校貯金を積極的に推奨する立場をとっていた湯原元一は、その著書『学校貯金論』で学校貯金に対していくつかの批判がなされていることを紹介している。湯原は第五高等学校教授から東京音楽学校長、さらに東京女子高等師範学校長を務めた著名な教育学者である。同書によると、「第一学校の貯蓄金庫はその性質上学校の一般の目的とも、その教授上の目的とも一致しないのである。元来学校は児童に節倹貯蓄を教ふるには不適当の場所である。かかる教訓は矢張家の仕事に打任せて置く方が好い」。あるいは「学校貯蓄金庫は児童教育の重点を、家庭から学校へ移して仕舞ふものである。学校教育は家庭教育の及ばざる所を補充するものに過ぎない。然るに家庭の仕事たる節倹貯蓄のことまで、悉く学校で以つて之を引受くるに至りては、学校は全く家庭を代理する訳で、その責任は余りに重きに過ぎ到底その力に堪へぬであろう」といった批判があるという(46)。

湯原によれば、前者はブレスラウ、ライプチヒ、ベルリン、東プロシア、ハノーバー、カッセルの「教員会」による批判、後者はハインリヒ・シュレーエル（Heinrich Schröer）なる人物による批判だった。どちらもヨーロッパでなされていた批判だった。学校貯金に対するこうした考え方は、家庭と学校の役割を明確に区別する立場に基づくもので、日本ではなくヨーロッパでなされている批判として紹介された点にその特徴がある。後に詳しく述べるが、これらの批判に対して湯原は日本では「元来節倹貯蓄は必ずしも家庭に於て教ゆべき仕事とも限られない。況んや多数の家庭は現に之〔節倹貯蓄〕を教ゆる能力をだに、之を具えざるに於てをや。されば之を学校にて引受けたりとて、何等非難すべき理由はなかろうではないか」と反論を記している(47)。

学校貯金の前提を批判するもう一つの説は、右のヨーロッパ的な批判とは対照的に日本の「国風」を持ち出すものである。やはり学校貯金推進論者で、秋田県師範学校の訓導や郡視学などを務めていた金沢長吉(48)は「我か国には児童に金を持たしめざる国風あり、……此の国風を破りて諸種の弊害起る」という意見があることを紹介している(49)。内務官僚の川村竹治も、「国風」ということばは使っていないものの「学童は貯蓄する金銭を所有しないのか本則である」という考えがあることにふれている(50)。このような「国風」論は、「利」を蔑む武士の経済思想を淵源とするものかもしれないが、一定の説得力をもつ批判であったとみることができる。

弊害の指摘

次に、学校貯金を行なうことによって生じる弊害を指摘し、それを根拠に批判を展開する「弊害説」をみておこう。この議論は、弊害の発生にかかわる人的要素によって三つに分類することができる。

一つめは教師にかかわる弊害である。もっとも代表的なのは教師が学校貯金の煩雑な計算などの手続きに時間を取られることにより授業の準備が疎かになってしまうというものである。金沢長吉は次のような批判があることを紹介している。

小学校の教師は毎日五時間教室にありて児童を教授するのみならず、始業前には教授の準備あり、終業後には洒掃等の監督あり、又教授時間の間には遊戯の看護を為さゞるべからず、其の外又教案編成の時間を要す、故に善く其の職務に忠実ならんとせば遅くも始業時間三十分前に出校し、早くも終業より一時間後に降校せざるべからず、然るを児童に貯金をなさしむるときは、其の執務の時間は児童看護若くは教案編成の時間より削くの止むを得ざるに至るべければ、教授及び訓練上に影響すること少からず云々(51)。

教師は忙しいから今以上にどこかで時間を割こうとすると必然的に教案編成などの時間を充てざるを得ないので、学校貯金の手続きのために時間がとられると教授・訓練に影響が及んでしまう、というのである。先に紹介した島根県の例では貯金事務は校長の担当だったが、そもそも校長のいない学校も未だ少なくなかったし、他の教員が担当することになっていた学校も多くあった。

二つめは児童にかかわる弊害。これについては『九州教育雑誌』が学校貯金は「不知不識一種の厭ふべき乞食根性を誘致」するという主張を掲げている(52)。『教育時論』には、学校貯金の奨励は「日本国民の品性の上に、尠なからざる悪影響を及ぼすであらう」との投書が掲載された(53)。同誌自身も、「吾等は、学童の貯金につきては、屢々その効果を疑へり、貯金の美事たるは、大体に於て否むべきにあらざれども、自己の労力に依りて獲得したるにあらざる金銭を蓄積することを勧むるは、頗る弊なきを得ず」としたうえで「拝金の弊風掩ふ可からざる」だろうと批判した(54)。貯金自体はよいことだが、子どもたちの間に「拝金」主義の気風を発生させてしまうだろうというのである。

こうした批判は全国紙の紙面でも展開された。『国民新聞』は、学校貯金のために「無暗に金銭を難有く思ひ、拝金思想を鼓吹し、何事も報酬なくては動かぬものと思ひ、唯だ損得のみを考へ、其の極、我利々々的根性となり、竟に一種の猶太人根性を養成し、終には金銭の前には、国家をも打忘るゝと云ふ事に立至らずとも云ふ可らず」と社説で主張した(55)。

右のような、子どもの「諸徳」を損なうという批判は、ヨーロッパでも早くからなされていたとされる。すでに紹介したローランの『老蘭氏学校貯金説』は、学校貯金が「児童ニ吝嗇ヲ教フル者ナリ、設ヒ吝嗇ナラシメザルモ其磊落大度ノ気象ヲ抑奪シテ小量狡智ノ人タラシムル者ナリ」という批判がなされていると記している(56)。湯原元一も「学校貯蓄金庫の普及は青年の品性、心情を毀損する恐れがある」とシュレーエルが批判していることを紹介している(57)。

この批判の背景には子どもは本来、「無垢」で無邪気な存在であるという子ども観があった。「児童の心性は清浄無垢なり、之に向つて貯蓄心を養成せんとするは即ち卑劣心を養成せんとするものにて、清浄無垢の心性に向つて卑劣の汚点を附するものなり」(58)との批判や、子どもには「他人の貯金高と比へて自己の多きを誇らうとする傾きかある」ので学校貯金によって「他の児童の貯蓄を見て羨み嫉む念を起し、家に帰れは父兄に対し頻りに金銭を強請するから、父兄は大に迷惑する計てなく、其子弟に与へる資力かなけれは、已むを得す之を叱責して棄て置くことになる、其結果児童は登校を厭ひ一般の就学を減するやうになる」(59)といった批判があることが学校貯金推進論者によっても紹介されている。

三つめは、父母にかかわるもの、とくに父母と教師との関係のなかで発生するとされる弊害である。まず湯原の紹介するシュレーエルの意見をみておこう。

学校貯蓄金庫は学校と、家庭との間の信用を破壊する原因となる。多くの母親等の中には随分疑ひ深い性質の人物もあるが、この種の母親が貯金に関して教員の取扱に嫌疑を掛くると、その事実の如何に関せず、教員の信用は薄らぎ、その面目は毀損せらるること、殆んど論なき所であろう(60)。

こうした見解は、ヨーロッパだけでなく日本でも出されていた。『教育報知』に担当記者による同意のコメント付で掲載された投書には、「金銭取扱ヒノ労ヲ採ラハ頑愚ノ父兄或ハ言ハン、吾カ校ノ先生ハ貧困ナリ、故ニ生徒ノ金ヲ預リ一時ノ繰替ヲナスナリト、亦タ或ハ言ハン、利子ノ廉ナルハ先生ノ乏ヲ削ルニ依ルナラント……今日ノ父兄タルモノ十中五六ハ大抵此ノ徒タルコトヲ免レス」(61)とある。貧乏な教師が子どもの貯金をごまかすのではないかと親から言われるのではないか、というのである。

これらの意見は、いずれも父母が教師の金銭の取り扱いに不審を抱き、その信用が失われる恐れがあると指摘しているのである。日本の場合、教師が俸給の低さゆえに貧困な状況に置かれていることがこの弊害の要因とされていることも注目される。

さらに、金沢長吉も「人物は何程確実にても、計算は何程精密にても、人には間違なきを保すべからず」として「〔父母の〕感情を害し、引いて学校全体の信用」が損なわれることにまで及ぶのではないか、との批判があることを紹介している(62)。

効果はない

最後に、学校貯金には効果は期待できないという批判を取り上げよう。ローランはその著書で次のような意見があることを紹介している。三歳から六歳程度の子どもの、おもちゃや菓子を買いたいという欲望を抑えるのは「人情」に反するものだ。また、この年齢の子どもたちは「節倹」が一つの徳であることを理解することができるだろうか。もしも貯めた金銭の使い道について知らなければ貯金は無意味だ、というものである(63)。

ヨーロッパでなされていたとされる同様の批判をもう一つ示すならば、「元来合理的貯金なるものは、唯金銭と労働とに就き、並にこの二者の相互関係に就き能く理会〔理解〕したる上に、始めて之が好成績を期待すべきものである」が、「児童は未だかかる理会は有つて居らぬ」ということを根拠としたシュレーエルの批判があげられる(64)。これらは、いずれも子どもの理解を前提としたものだった。

これに対して日本では、子どもが学校に通っているあいだはよいが、卒業すると貯金のことは忘れてしまうのではないかとの批判がなされていた。金沢長吉によれば、「児童に貯蓄心を養成する一方便として、貯金をなさしむるは悪しきことにあらず、然れども、其の児童が学校を退くや忽ち其の事を忘れ、再び顧みざるもの比々皆然り、故に学校貯金は労多くして効甚少し」との批判があるという(65)。これは学校貯金によっては「貯蓄心」を子どもに定着させることはできないというものだった。

推進論者の反論

右に整理したさまざまな批判に対して学校貯金推進論者たちはどのように反論したのだろうか。

まず、学校で勤倹貯蓄の態度・習慣を養成する必要はないという、ヨーロッパで展開されていた批判は日本ではほとんど顧みられることはなかった。このことは日本の学校貯金批判の特徴だった。学校で勤倹貯蓄にかかわる徳目・知識を教育すること自体は、教育勅語や戊申詔書という絶対的な権威に保障され、法的にも「小学校教則大綱」などによって規定されたものだったのである。このため、学校貯金推進論者の湯原元一も学校での勤倹貯蓄の態度・習慣養成への批判をヨーロッパでのものとして紹介し、日本では「何等非難すべき理由はなかろうではないか」(66)と述べるだけでよかった。

一方、「国風」を根拠にした批判に対しては「譬ひ歴史なり国風なりとて善悪ともに継承すべきものにあらざるなり、我か国民には金を軽んずる風あるは是れ歴史の欠点といはざるを得ず……貯金の平均額世界文明国の最下位に居るは怪むに足らざるなり、教育者たるもの或程度まで此の歴史の欠点を補足するに注意せざるべからず」(67)といったような反論がなされていた。背景には、日本がすでに欧米列強のあり方にならって「近代化」をめざしていたことや、実際に資本主義化が進行していたことがあった。このため批判の基盤は崩れつつあったが、それでも人びとの意識のうえで封建的なものを引きずっている以上、「国風」に基づく批判は一定の影響力をもつものだったといえるだろう。それゆえ子どもに現金をもたせずに貯金をさせる工夫が課題となっていた。

次に、もっとも数多くなされていた「弊害説」への反論をみておこう。まず教師にかかわる批判、すなわち学校貯金が授業やその準備を妨げるとの批判に対しては川村竹治が次のように述べている。

> 生徒に貯金をさせる学校ては、修身の講話をする時に勤倹貯蓄の必要なることを説き、食後の休憩時間や放課後に貯金の取扱をしたり、貯金函の方法に依り、毎月一二回函を開いて貯金の手続をしたり、現金計算等の面倒かないやうに切手貯金の方法に依つたり、上級生徒に其取扱方を受持たせて、教員や職員は唯々之を監督するはかりにしたり、或は郵便局員や銀行員に出張して、取扱はせるやうになつて居るのてあるから、場合に依つては教授上の準備時間を多少減せしむる嫌はあるけれとも、之れか為めに授業の妨害になつたといふ事実は未た認められないとのことてある(68)。

このように川村は、学校貯金を実施して「成果」をあげている学校のやり方を提示し、それによって「授業の妨害」を減らすことができるというのである。

金沢長吉も「既に貯金を実施せる学校を以て、未た実施せざる学校に比較するときは、多少事務の多きは免るべからずと雖も、其の方法によりては一ヶ月僅かに二三時間を費せば足るものあり、之を以て強ち教授訓練に響影《(ママ)》すとは云ふべからず」と指摘した(69)。川村と同様に方法の改善によって克服は可能だというのである。

貯金箱の工夫

では具体的にどのような方法がよいというのか。金沢は、学校貯金の方法として、①「貯金せんとする都度貯金掛若くは受持教師に差出さしむるもの」、②「貯金せんとする都度其の金を貯金箱に投せしむるもの」、③「家庭に於て適宜の方法にて貯蓄せしめ置き、期を定めて学校に差出さしむるもの」、④「郵便切手貯金の方法によるもの」という四つがあるという。そのうち、①は手間がかかるため授業を妨害してしまう恐れがあるが、②や④の方法によればそうした弊害は容易に克服できるとする(70)。

もっとも注目されるのは④の切手貯金だが、それについては次章で詳しく述べるので、ここでは②について紹介しておくと、金沢が推奨するのは、図5のような小さな下駄箱のような形の貯金箱の使用である。児童一人に一つずつの投入口があり、そこから金銭を投入することができるようになっている。

図５　下駄箱式の貯金箱

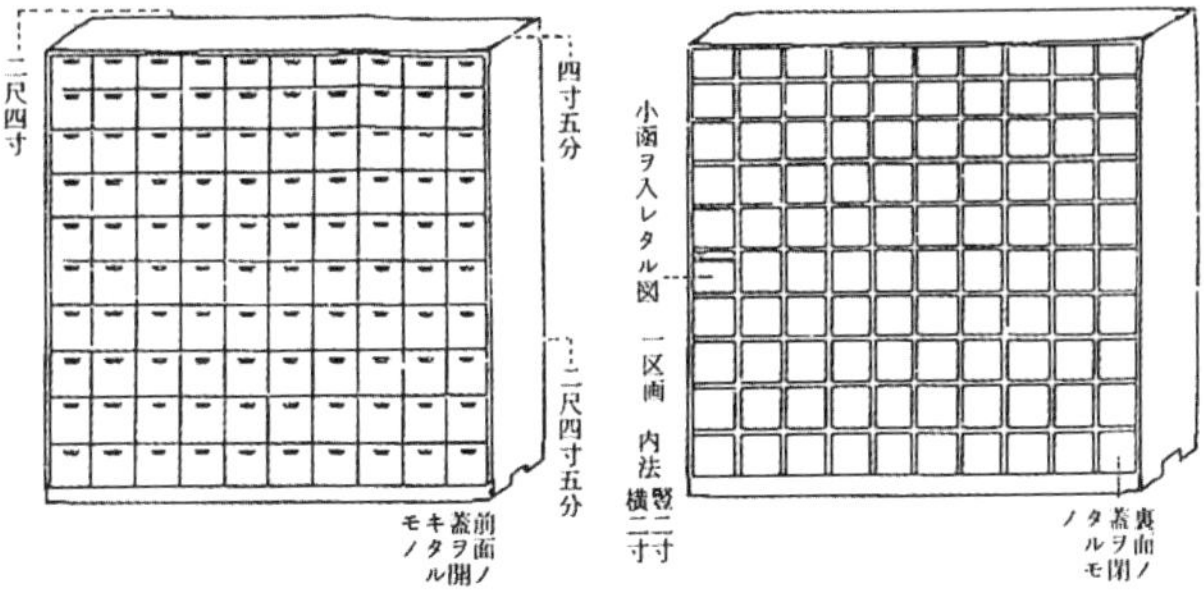

(出典：金沢長吉『学校貯金の必要及方法』鮮進堂、1902年)

これを備え付ければ、子どもたち各自の貯金が混じることはないので、所定の期日に貯金事務を担当する教師が開箱して金額を計算するだけでよいから教師の手間が省けるというのである。実際にこの種の貯金箱は、高等師範学校附属小学校(71)や、東京府神田区橋本町の養徳小学校でも使用されていた(72)。

次に、児童にかかわる弊害を根拠とする批判への反論。これも川村の反論から取り上げよう。川村は「学童貯金は児童の競争心を誘ひ起」すとの批判に対して「此非難は反対論としては有力なものであるけれとも、夫れは論者のやうに奨励の方法を誤つた場合に生することとて未た学童貯金の是非を決定するものではない、若し方法さへ良かつたなれは、其様な悪結果を生しないのみか、却つて好成績を挙けた例か沢山ある」と反駁した(73)。

金沢も、「此の弊を生ずるは学校に於て其の方法の誤りたるを表明するものにして、其の方法さへ宜しきを得ば其の弊は起らざるものなり」と断言している(74)。このように学校貯金が子どもの品性を損なうとの批判への反論は、やり方が適切でないと指摘することでなされていたのである。

そこで適切な方法として、とくに推奨されたのが子ども自身の労働によって得た金銭を貯金させることだった。たとえば、金沢は「此の種の金を貯蓄せしむれば、児童に労働の尊むべきことを知らしめ、金銭を得るの困難をも覚らしむるものなれば、貯金としては最上の価値を有す」と述べ、「労働して得たる金を貯蓄せしめたればとて卑劣心を養ふ理なかるべく、人より恵与せられたるものにあらざるが故に乞食盗賊の養成なりとの批難もなかるべければ、根本的反対者は殆んと影を潜むるに至るべきなり」(75)と主張している。

父母と教師との信頼関係を損なうとの批判に対しても前二者と同じ筋道で反論が展開された。湯原は「出納さへ明かにし、何時でも証明の出来るようにいたして置けば、少しも顧慮するに足らぬ」(76)といい、金沢も「平素に於て計算精密にして間違甚少しと父兄の信用を博することに注意せざるべからず、而して万一間違の生じたるときは進んで其の依る所を明了になすことを努むべし、斯くするときは譬ひ稀に間違生ずることあるも、父兄の感情を害するに至らざるものなり」(77)と述べた。『教育報知』でも愛知県の「東春迂生」なる人物が、教師が「自幾分ノ貯金ヲナシ、而後之ヲ生徒ニ及ボスモノトセハ繰替云々ノ嫌疑ハ十分避ケ得可キヤ明ナリ」「又廉利云々ノ嫌疑ノ如キハ各自ノ通帳及貯金管理所ヨリノ通知ニ依テ自霧消スヘシ」という意見を述べ、自らの実践方法を紹介した(78)。これらも弊害の発生を防ぐ手立てを提示することによる反論である。

学校貯金には効果が期待できないとの批判には二種類あった。一つは、児童が「節倹の徳」を理解できないことを根拠とし、もう一つは学校貯金では「貯蓄心」を定着させることができず、卒業後に貯金を止めてしまうだろうということを根拠としたものだった。前者に対してはローランが子どもには勤倹貯蓄の態度養成は理解より先に「習慣」として教え込むことが必要だと反論していた(79)。湯原も、「凡そ学校で教ゆる事柄は、必ず初めからその性質を理会せねばならぬと思ふのは、元来未だ教授の何物たるを知らぬものである」と述べる(80)。「習うより慣れよ」が肝心だというわけである。これらの反論は、批判的意見に異なる教授・訓育観を対置したものだったといえるだろう。

他方の批判に対しては、金沢が次のように述べている。すなわち「児童が在学中貯金をなすも退校するや否や顧みざるに至るもの多くあるは、貯金法の宜しきを得ざるによること甚多し、故に児童が学校を退かんとするに当り、父兄及び児童に従来学校にて貯金を行ひたる精神より退校後も尚ほ継続せしむべきことを懇諭すれば、大に其の数を減ずるに至るものなり」(81)。ここでは学校を止めた後、貯金を顧みなくなる結果になるのは、方法が適切でないためだと反論し、やはり弊害を除くための具体的な対策を提示したのである。

学校貯金の是非に関する論争の帰趨について、福井県師範学校附属小学校主事で、後に東北帝国大学教授などを務める著名な教育学者だった篠原助市が次のようにわかりやすくまとめている。

貯金の習慣の極めて必要で、其習慣の養成が学校教育訓練上の一大任務なることも、貯金の方法宜しきを得ざるときは却て種々の弊害を醸すことも、既に論じ尽されてゐる、で現今の問題は、如何にすれば最も無害に貯金せしむるを得るかにある(82)。

結局、どうすれば弊害を発生させることなく貯金の習慣を子どもたちに身につけさせることができるのか、というところに収斂していくことになったのである。

第3章

「貯金生徒」の増加と切手貯金

1　学校貯金と「貯金生徒」の増加

五校に一校が実施

学校貯金の実践が始まり、それをめぐって論争が展開されるなかで、学校貯金を実施する学校はどれくらいあったのだろうか。逓信省通信局は、一九〇二（明治三十五）年四月時点で、児童に貯金をさせている学校について初めての全国的な実態調査を行なった。その結果、全国で五二〇五校の小学校が実施していたことが判明した（他に中学校、師範学校、農学校等の中等学校六校）。これは、本校と分教場を合わせた全小学校二万七〇一〇校の一九・三パーセントに当たる。およそ五校に一校が学校貯金を実践していたことを示している(1)。

府県別のデータも紹介すると、もっとも多いのは北海道で三九八校だった。そして島根県三五五校、兵庫県二八九校、広島県二四二校、岡山県二〇八校、愛媛県二〇二校と続く。近畿以西、中国四国地方が積極的だったことになる。最下位は東京府で一〇校にとどまった。ただし、鹿児島県、宮崎県、沖縄県は三県まとめて一三〇校となっているから、このなかに最下位がある可能性も残る。

増えていく「貯金生徒」

逓信省通信局によるこの調査以外には、学校貯金の実施校に関する全国的な統計は、残念ながらみあたらない。しかし、どれくらいの子どもたちが実際に郵便貯金を利用していたのかということについては、各年度の『逓信省年報』に掲載されているデータによって判明する。子どもによる郵便貯金の利用は、学校貯金の「成果」を反映したものとみていいだろう。そこで、『逓信省年報』のデータをもとに、一八九三（明治二十六）年度から一九三〇（昭和五）年度までの各年度の郵便貯金利用者数を職業別にまとめたのが表2である。

この表によれば、一八九四年度の「学生生徒」は五万九〇〇〇人足らずだった。職業分類のなかの第八位に過ぎず、全体に占める割合も五パーセント程度だった。こうした状況は若干の上下をともないながら一八九九年度まで続く。

ところが、一九〇〇年度になると「学生生徒」は突如大進撃を開始する。この年、前年比で三倍近くに増えて二四万六〇〇〇人ほどになり、順位を「農業」、「職業未詳」に次ぐ第三位にあげたのである。

全体に占める割合も一二パーセント強となった。二年後の一九〇二年度には第二位となり、第一位の「農業」とともに他の職業を引き離して増えていくのである。

ただし、次の二点を考慮しておかなければならない。第一は、この時期、就学児童数そのものが増加していたことである。一九〇〇年には「小学校令」が全文改正され、翌年から授業料は原則的に無償化されることになった。また、産業革命にともなう経済発展もあって、不就学者が急速に減りつつあった。さらに、一九〇八年度からは義務教育年限（小学校尋常科）が四年から六年に延長された。こうして小学校に就学する児童の絶対数が増えてきた。つまり、貯金をする「学生生徒」の増加は、たんに就学児童数の増加を反映しただけなのかもしれないのである。

第二は、『逓信省年報』が採用した「学生生徒」というカテゴリーの正確な中身が不明だということである。そこに、小学校（尋常科・高等科）に通う児童だけでなく、中学校や高等女学校、実業学校といった中等学校ならびに、高等学校、専門学校、師範学校、実業補習学校、大学などの学生・生徒が含まれていた可能性も排除できないのである。とはいえ、小学生に比べると、それ以外の学生や生徒の数は、当時はまだかなり限られていた。実際、小学校から大学までのすべての学校（幼稚園は除く）の学生・生徒に占める小学生（尋常科・高等科）の比率（「小学生率」と呼ぼう）は、明治期には九〇～九七パーセント、大正期には八〇パーセント台を推移し、一九三〇年度は七九パーセントだった。

これらのことから、各年度『逓信省年報』の「学生生徒」数にその年度の「小学生率」をかけあわせることで、郵便貯金をしている小学生（尋常科・高等科）の数をまずは推計する。それをここでは「貯

官吏軍人	学校生徒	無職業	職業未詳	寺社其他団体	合計
81,428	49,892	5,070	75,033	25,841	1,060,235
75,765	58,798	9,582	63,304	28,076	1,108,712
83,448	66,301	12,238	99,005	27,427	1,223,085
82,914	70,397	16,401	124,986	25,996	1,273,363
74,248	68,312	17,059	143,086	24,338	1,253,638
71,325	78,962	17,376	147,303	20,964	1,240,892
93,287	90,777	23,751	165,469	23,421	1,396,147
101,984	246,186	40,081	437,376	18,936	1,979,640
104,238	333,226	53,235	691,978	17,200	2,563,335
157,735	574,798	61,847	469,780	13,040	2,859,143
215,793	805,570	73,019	458,428	14,686	3,501,340
271,026	1,246,677	193,503	359,705	23,852	4,905,836
296,671	1,581,457	148,935	409,077	24,782	5,813,573
503,685	1,832,472	168,835	420,832	26,866	6,497,167
408,053	2,004,603	170,180	383,520	35,782	7,230,547
476,475	2,252,665	198,362	353,671	52,952	8,042,480
683,689	2,479,234	264,208	366,077	54,619	10,052,641
709,524	2,744,349	290,336	426,803	82,612	10,960,981
708,566	2,838,900	307,452	408,488	100,239	11,538,285
734,503	2,921,416	316,796	421,156	104,058	11,882,069
743,820	2,942,034	318,912	427,109	104,219	12,028,106
781,802	2,681,418	373,138	517,809	159,330	11,978,846
828,787	2,842,966	395,585	549,002	168,926	12,700,105
901,906	3,113,782	432,270	600,576	184,954	13,893,367
1,038,834	3,558,497	495,396	687,359	211,459	15,900,650
1,491,737	4,263,518	590,241	797,389	264,881	20,088,713
1,312,296	4,495,220	625,768	868,235	267,100	20,085,720
1,534,039	4,214,345	849,047	1,592,910	173,228	22,139,586
1,906,972	4,661,175	917,136	1,685,314	204,119	25,419,509
1,745,772	4,267,158	839,609	1,542,851	186,864	23,270,755
2,279,618	5,572,029	1,096,356	2,014,645	244,006	30,386,806
2,366,880	5,785,322	1,138,324	2,091,764	253,346	31,549,989
2,431,455	5,943,160	1,169,380	2,148,832	260,258	32,410,752
2,582,624	6,312,661	1,242,083	2,282,432	276,439	34,425,812
2,737,170	6,690,415	1,316,410	2,419,014	292,982	36,485,875
2,848,423	6,962,348	1,369,916	2,517,335	304,890	37,968,850
2,870,114	7,015,366	1,380,348	2,536,504	307,211	38,257,981

度版による）

表２　職業別預入人員（人）

年度	農業	商業	工業	雑業	職工及使用人	漁猟業及船夫
1893年	384,605	205,503	86,644	77,775	58,257	10,187
1894年	403,794	217,155	96,140	81,176	63,497	11,425
1895年	453,445	224,246	95,402	79,711	68,604	13,258
1896年	473,292	221,892	96,113	80,094	65,282	15,996
1897年	485,010	204,702	91,212	72,469	58,296	14,906
1898年	484,734	192,543	80,929	74,164	58,386	14,206
1899年	526,529	203,762	92,053	79,128	77,950	20,020
1900年	629,350	224,687	94,083	90,870	73,539	22,548
1901年	653,339	222,399	91,985	89,091	80,318	26,326
1902年	798,018	328,089	141,367	138,465	135,977	40,027
1903年	969,493	381,025	170,111	175,089	188,448	49,678
1904年	1,499,238	510,596	235,137	233,104	259,328	73,670
1905年	1,779,888	599,683	285,113	282,315	318,948	86,704
1906年	1,850,733	649,628	305,915	301,578	348,473	88,150
1907年	2,114,600	780,735	396,574	349,948	464,252	122,300
1908年	2,347,981	865,599	448,284	385,604	534,603	126,284
1909年	3,026,115	1,128,614	607,604	509,913	738,228	194,340
1910年	3,399,152	1,228,803	618,696	508,600	751,556	200,550
1911年	3,713,076	1,277,811	640,458	547,061	801,347	194,887
1912年	3,815,762	1,315,844	659,334	564,884	825,963	202,353
1913年	3,872,514	1,330,732	669,640	572,880	839,132	207,114
1914年	4,088,314	1,195,056	577,669	525,630	880,611	198,069
1915年	4,334,623	1,266,914	612,442	557,264	933,607	209,989
1916年	4,747,624	1,383,635	669,643	609,175	1,020,242	229,560
1917年	5,425,559	1,586,764	766,868	697,811	1,169,156	262,947
1918年	7,062,398	1,989,202	930,193	861,265	1,518,338	319,551
1919年	6,853,638	2,004,363	968,674	881,446	1,476,836	332,144
1920年	7,570,034	2,326,447	1,116,633	757,038	1,624,107	381,758
1921年	8,967,494	2,653,034	1,230,558	855,875	1,914,343	423,489
1922年						
1923年	8,209,457	2,428,769	1,126,537	783,526	1,752,521	387,691
1924年	10,719,857	3,171,471	1,471,026	1,023,124	2,288,430	506,244
1925年	11,130,205	3,292,872	1,527,335	1,062,288	2,376,030	525,623
1926年	11,433,865	3,382,710	1,569,005	1,091,270	2,440,854	539,963
1927年	12,144,738	3,593,022	1,666,554	1,159,117	2,592,608	573,534
1928年	12,871,487	3,808,031	1,766,281	1,228,479	2,747,751	607,855
1929年	13,394,651	3,962,809	1,838,072	1,278,411	2,859,434	632,561
1930年	13,496,651	3,992,985	1,852,069	1,288,146	2,881,209	637,378

注：1922年度は関東大震災のためデータがない。（出典：『逓信省年報』各年

図6　貯金生徒率推計

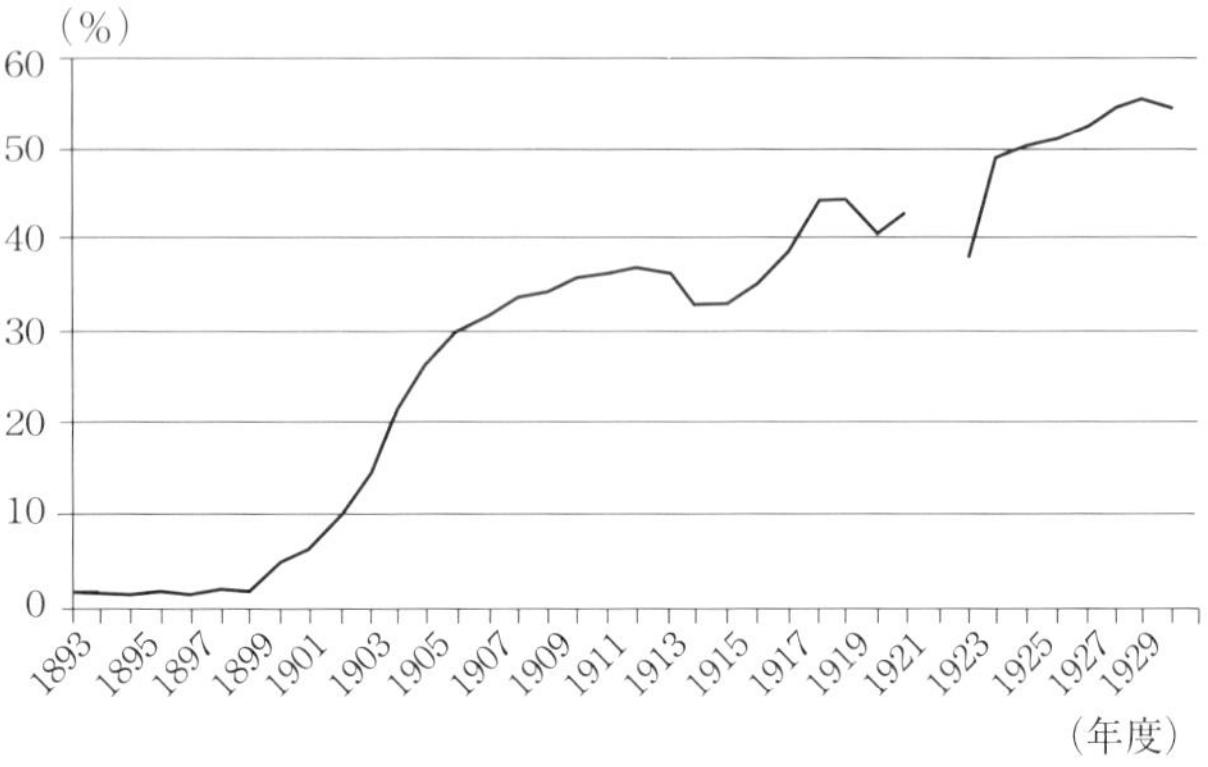

金生徒」と呼ぶことにしよう。そのうえで、この「貯金生徒」が小学生（尋常科・高等科）のうちの何パーセントに当たるのかを算出し、グラフにしたのが図6である。

この図から、一九〇〇年度以降、小学校への就学者数が増える以上に、「貯金生徒」の増加が急速に進んだことがわかる。一九〇二年度には一〇〇人当たり一〇人が貯金を行なうようになり、一九〇八年度にはほぼ三人に一人の割合で貯金をするようになった。その後、一九一四年度から数年間は減少をみるが、一九一八年度には四〇人を超え、関東大震災をはさんだ一九二五年度にはついに五〇人を超えるのである。なお、一九三一年度以降の『逓信省年報』には、職業別の貯金預入人数のデータが一九三二年度を除き、掲載されていない。

逓信省貯金局は、一九三二年度（一九三三年三月現在）の職業別データを詳細に分析している。それによれば、郵便貯金をしている小学校尋常科の児童は、三八八万三六九一人だという[2]。この数字は、同年度における小学校尋常科児童数（九三一万四一〇七人）の四一・七パーセントにあたる。これに対して、先の「小学生率」を用いて、一九三二年度の「貯金生徒」の比率（推計）を算出すると四〇・八となる。このことから、「貯金生徒」の比率（推計）は、実態よりもやや低めに出ている可能性もあるが、全体として大きく外れてはいないとみなすことができるだろう。

2　切手貯金制度の登場

「郵便切手貯金規則」の制定

「貯金生徒」が急増したのはいったいなぜなのだろうか。一九〇〇（明治三十三）年に増加が始まったことに注目したい。この年の三月十二日、芳川顕正逓信大臣は逓信省令第二号をもって「郵便切手貯金規則」を公布したのである。その全文は次の通りである。

郵便切手貯金規則

第一条　郵便切手貯金ハ郵便切手ヲ以テ郵便貯金ノ預入ヲ為スモノトス

第二条　郵便切手貯金ノ預入額ハ一人一箇月金一円ヲ超ユルコトヲ得ス

第三条　郵便切手貯金ヲ為サントスル者ハ郵便切手ヲ郵便切手貯金台紙ニ貼付シテ之ヲ郵便貯金取扱局所ニ差出スヘシ

但既ニ郵便貯金通帳ヲ所持スル者ハ該通帳ヲ添ヘ差出スヘシ

第四条　第二条ノ制限ヲ超過シテ預入ヲ為シタル者アルトキハ其超過シタル金額ハ郵便切手ヲ以テ

還付ス

第五条　郵便切手貯金台紙ハ貯金ヲ取扱フ郵便電信局、郵便局、郵便受取所ニ於テ之ヲ交付ス

この規則にあるように、切手貯金とは通常の郵便切手を「郵便貯金切手台紙」に貼り付けて郵便貯金取扱局所の窓口に提出することで切手の額面の合計金額を貯金することができるというものだった。

切手貯金では、台紙に五厘や一銭など、小額の切手を貼り付けていくことになっていた。台紙に切手を一枚貼り付けただけで貯金の手続きを始めることになるから、一〇銭とされていた郵便貯金の最低預入金額を事実上引き下げることになった。また、通常の郵便貯金は「郵便貯金条例」により、一人当たりの一日の預入上限金額が五〇円とされていたのに対して切手貯金の制限は一か月一円だった。これらのことから、切手貯金が通常の郵便貯金よりもさらに少額の金銭の吸収をめざしたものだったことがわかる。このことは、切手貯金が小学校の児童を主たる対象としたものだったことを示している。実際、逓信大臣芳川顕正も、一九〇二年三月に地方長官会議で行なった郵便貯金奨励に関する演説において「切手貯金の制を設け学童婦女をして零砕なる貯金を為さしめんことを計」ったと述べている(3)。

この制度の創設にはいくつかの前史を確認することができる。第一は、すでに紹介したように一八八五年にマイエットが一種の切手貯金の方法を「マイエット・ラートコースキー法」と銘打って積極的に提案していたことである。彼は、この方法にかなり自信を持っていたとみえて、一八八七年六月二十三日に政府から「預金条例」に関して「預金年賦証券ヲ発行シテ国庫ニ貯金ヲ収集スルヨリハ日本経済上

ノ為メ他ニ之ニ優ルノ良法ナキヤ」と諮問された際にも、「マイエット・ラートコースキー法」を売り込んでいる(4)。

第二は、マイエットの提案を受けとめてか、切手貯金の仕組みを作るべきとする意見が逓信省内からも出ていたことである。逓信省の事務官で東京郵便電信学校教授などを務めた岩崎直英は、『学童貯金論』を著し、そのなかで「学童貯金の制を普及し国家富強の根帯を培養」するために、「逓信省は二厘の郵便切手又は貯金切手を製造し他の郵便切手と共に学童貯金の預入に之れを用ゆることを許すこと」、「逓信省は右切手を各郵便局其他に於て汎く之れを売渡さしむること」などを提案していた(5)。

第三にあげられるのは、実際にいくつかの学校で独自に「切手」を作り、「切手貯金」を先行実施していたことである。一八九四年六月刊行の『愛知教育雑誌』第八七号によれば、奈良県の小学校では「印紙を貼用する法」がすでに採用されているとされ、また愛知県東春日井郡の小牧高等小学校では、一八九二年から五厘、一銭、二銭、五銭の「貯金券」を発行し、貯金に使用していた(6)。「貯金券」は、表に金額と学校名が印刷され、裏面には貯金係の印が押されたもので、児童はそれを金銭と交換して保管し、一〇銭に達したら学校に提出して貯金の手続きをする、というものだった。この方法によれば、「毎日朝或午食後の授業時間前に生徒の貯金と〔貯金券とを〕引換へるばかりなれば一二分時に十人や廿人はお茶の子です、数人の教員中只一人が一日に二分時位費したりとてなんと教授の準備の出来ぬともうされませうか」と、教員の手間が大幅に削減できるとの報告がなされていた。

慎重な文部省

こうしたなかで、逓信省は、遅くとも一八九八（明治三十一）年の半ばには郵便切手貯金の制度化に向けて検討を開始していた。そのことは同年六月十一日付の『東京経済雑誌』における「逓信省にては切手貯金に依りて国民の貯蓄心を奨励せんとて其実施方法に就て調査をなしつつあり、遠からず実行を見るに至るべしと云ふ」(7)との報道にうかがうことができる。一八九九年十一月の『銀行通信録』でも「逓信省にては来年一月より郵便切手貯金方法を実施する筈にて已に大体の調査を終り学生貯金等に関して目下文部省と交渉中なりと云ふ」と報じられた(8)。調査がほぼ終わり、逓信省が文部省との協議に入ったというのである。

しかし、逓信省主導の動きに対して文部省は積極的に乗ってくる気配をみせなかった。一九〇〇年一月二十五日付の『教育時論』第五三二号は「逓信省に於ては、学童貯金制を設くるの議ありと、文部省と交渉中の由なるが、之に対する文部省の意見なりといふを聞くに、元来同制度は学童の貯金思想を養成し、従て節倹的観念を増加せしむるものなれば、固より同意すべき事柄なりと雖も、其実施方法に就ては、最注意を要するものあり、若し其実行の方法失当なるときは、甚だしき弊害を醸すの恐れあり、精密の調査を要するを以て、未だ俄に同意し難しといふにありと」と伝えている(9)。文部省が弊害の発生を懸念し、むしろ慎重な姿勢をとっていたことがうかがえる。

文部省の慎重さの背景には、先に整理した学校貯金の賛否をめぐる議論があったのではないか。とくに、一八九九年に開催された第二回全国聯合教育会への文部省からの諮問「小学校生徒に貯金を奨励する利害如何」に対して、その奨励を否定する答申がこのタイミングで出されたことが大きかったのではないかとみられる。全国聯合教育会というのは、第1章でふれた大日本教育会などを前身に組織された帝国教育会や道府県市の教育会、植民地の教育会の代表を集めて諮問や議題について討議し、答申や建議を策定する会議で、小学校教育や地方教育行政についての専門性を有していたとされる(10)。この全国聯合教育会では、協議の結果、貯金の必要を教えるのは大切だが子どもに貯金を行なわせると「他の諸徳」を損なう恐れがある、勤労で得た金銭を貯金するのが本筋だが小学生は「自ら労力に服し金銭を収得すべき道」が少ない、小学校では金銭の授受に正確を期すのが難しいし、子どもに金銭を持たせない「国風」もあるので、貯金奨励により子どもが非常に利己的になる恐れがある、といったことが理由とされていた(11)。前章で紹介した「前提説」「弊害説」が根拠だった。

結局、逓信省は、文部省の同意を待つことなく単独で「郵便切手貯金規則」の制定に踏み切った。だが、「郵便切手貯金規則」が出されると、逓信省は文部省に「学童貯金規則」の制定に向けて再度協議を持ちかけた。やはり子どもを主たる対象とする以上、学校の協力は欠かせないと踏んだのだろう。『教育時論』第五六七号によれば、すでに調査が進んでおり、この規則は切手貯金台紙や切手の販売に便宜を供するためのもので、逓信省は各小学校の近所にその販売所を開設するべく調査を地方庁に依頼したという(12)。また『教育時論』第五七五号は、その販売所を小学校内に設置することに文部省も同意したと伝えている(13)。しかし、その後、両省のあいだで一つの成案がまとまり、法制局に送られたものの、伊藤内閣の瓦解とともに差し戻されてしまったらしい(14)。これ以後、「学童貯金法」が制定されることはなかったし、それに向けての動きも確認できていない。

切手貯金の推奨と実践

「学童貯金法」までは実現しなかったとはいえ、郵便切手貯金制度の効果はてきめんだった。切手貯金は、子どもには現金を持たせない「国風」があるという批判や、学校に持ち寄られた現金を計算することで教師の仕事が増えるといった不満を封じ込めることができたのである。

「郵便切手貯金規則」が出されると、学校貯金に切手貯金を利用することが盛んに推奨されていく。埼玉県では、一九〇三（明治三十六）年四月に訓令をもって各小学校に「適応ナル生徒貯金ノ方法ヲ設ケ児童ニ勤倹貯蓄ノ美風ヲ涵養」することを求めたうえで、その生徒に「現金又ハ郵便切手」を持参させ、あるいは学校内に郵便切手や貯金台紙を備えるよう指示した(15)。和歌山県も一九〇九年七月に小学校生徒に「切手貯金又ハ共同貯金」をさせて貯金の普及を図ることを指示している(16)。

教科書のなかにも切手貯金を扱うものが現れた。一九〇一年に刊行された代表的な算術科教科書である『尋常算術教科書』には「一まい一銭五厘の切手でちょきんするに、も一九まいはれり。何銭のちょきんか」「まい月二十三銭五厘づつ切手ちょきんする子は、四か月にいくらちょきんするか」（巻二）、「一月には三銭切手七枚、二月には一銭五厘の切手十二枚、三月には五銭切手十枚の切手貯金をなせり。すべていくらか」（巻三）といった具合に、応用問題に切手貯金を使った計算が盛り込まれたのである(17)。

こうした奨励もあって切手貯金は好調に滑り出した。逓信省の調査によれば、全国でもっとも多くの学校が学校貯金を実施していた北海道では「切手貯金ヲ為スモノ多シ」と報告された。島根県では現金を持参させるやり方の他、「教員ニ於テ郵便切手ヲ貯蔵シ置キ生徒ニ売下ケ切手貯金ヲ為サシム」学校もあるという。兵庫県では「予メ郵便切手及貯金台紙ヲ学校内ニ備ヘ置キ随時其請求ニ応シ交付シ台紙面全部切手貼付後又現金ハ其儘教員ニ差出サシメ相当額ニ達シタルトキ共ニ預入ノ手続ヲ為シ与ヘ或ハ各自直接ニ預入セシムルモノ」などがあると報告されている。学校貯金実施校がもっとも少なかった東京府でも「郵便貯金ニ依ルモノハ多クハ切手貯金ノ方法ヲ採レリ」という(18)。このように切手貯金は学校貯金のなかに積極的に取り入れられたのである。

切手貯金はどれくらいの効果を発揮したのだろうか。一九一四(大正三)年七月二十五日付の『教育時論』第一〇五四号は「切手貯金の八割は学童の貯金を以て占むるの有様」と報じている(19)。また、人口一万人ほどの静岡県三島町にあった三島三等郵便局の資料を検討した田中光によれば、一九〇〇年八月から翌年三月までの八か月間に切手貯金制度を利用した人のうち、六四パーセントが尋常小学校の生徒によるものだったという(20)。しかも小学生たちは教師の指導のもと集団で利用していた。さらに田中は、三島三等郵便局の「切手貯金預簿」と三島尋常小学校の卒業者名簿を突き合わせて検討を加えている。その結果、小学校の三年生と四年生が教師に引率されて郵便局を訪れ、切手貯金制度による貯金を行なっていたとみられること、その約一年後には、彼らが個人もしくは少人数で預け入れをするようになっていることを明らかにし、子どもたちのなかに「貯蓄形成への指向性」が生まれるという成果があったことを実証している。

切手貯金の利用は家庭にも広がっていく。教育史研究者の小林輝行が紹介する京都伏見の開業医嶋田弥一郎が三男玄弥に関する事柄を記述した養育日記である「玄弥日記」をみてみよう。そのなかの一九〇八年九月六日条には次のようにあるという。

老父〔弥一郎〕曰く近頃時々夜分の酒を節して、イヤ廃して、それを切手にかへ、寿子と汝と卓弥と次第に分配し、切手貯金をさす事にしてゐる。一人に二銭か三銭で僅かのものであるが余程深き意味を含むで居る。金は僅かであるが老父の精神を大切にしてくれ。又た此意味を卓弥にも又幸弥にも説明してくれ(21)。

ここには家庭において子どもに貯蓄習慣を身につけさせるために切手貯金をさせている様子がうかがえる。

3　切手貯金台紙というメディア

台紙の配布

ここで、切手貯金をする際に切手を貼付した台紙に注目しておきたい。台紙は切手貯金の手続きに不可欠な書類だった。官製か、もしくは様式規定にのっとって認可を受けた私製の台紙でなければ使用できなかった（後述）。利用者は、切手を集めてから台紙を入手し切手を一度に貼り付けて提出したというよりも、まずは手元に台紙があって、切手を入手するたびに貼付していったと考える方が自然だろう。このことは些細な手順の問題に過ぎないようにみえるかもしれないが、郵便貯金の最低預入金額を踏まえると重要な意味をもっていたことがわかる。というのは、たとえば一九〇〇（明治三十三）年から一九四一（昭和十六）年までは最低預入金額は一〇銭だったが、切手貯金は五厘や一銭などの小額切手を台紙に貼付するものだったため、最低預入金額に満たない小さな金額から貯金を始めることができる仕組みになっていたからである。

台紙は、貯金の手続きに使われる書類だっただけではない。重要なのは、それが貯金奨励のメッセージを伝えるメディアでもあったことである。しかも、デザインやメッセージには工夫が凝らされ、数次にわたって改良が加えられていく。

「郵便切手貯金規則」の制定された一九〇〇年三月から発行・使用されることになった台紙は、現在の往復はがきよりもやや大きく（縦一五四ミリ×横二〇八ミリ）、二つ折で内側の右側には四×五＝二〇マスの切手貼付欄が設けられていた（図7）。俵や鎌など、米の収穫をテーマにしたものと、山内一豊の妻の「内助の功」をテーマとしたデザインのものの二種類が発行されていた（第一次台紙）。この台紙は、郵便局などを通じて無料で交付を受けることができた。

ところが、無料だったがゆえに想定外の問題が生じることになった。『甲府郵便局八十年誌』には

図7　第1次郵便切手貯金台紙

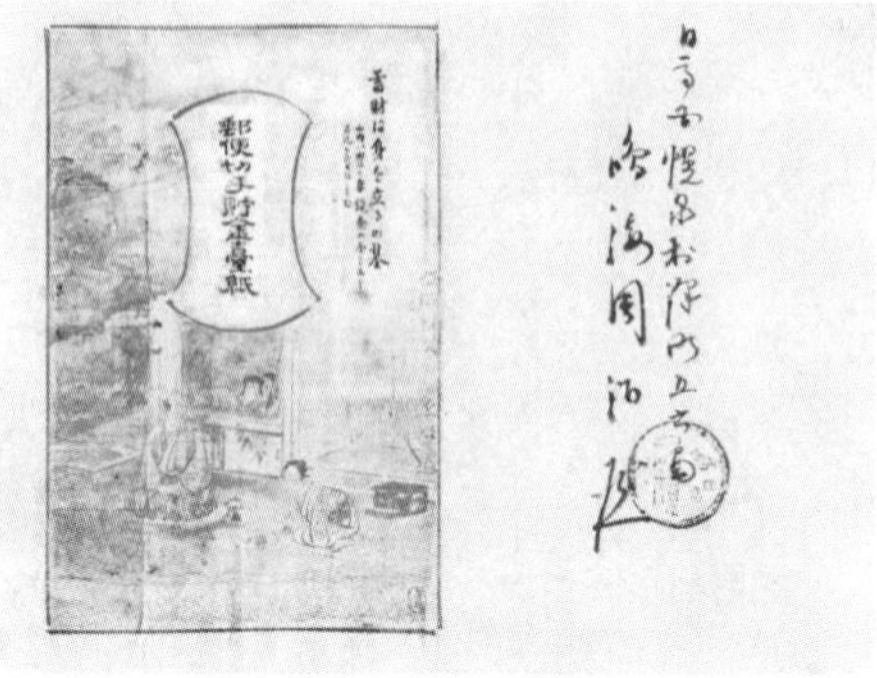

外側

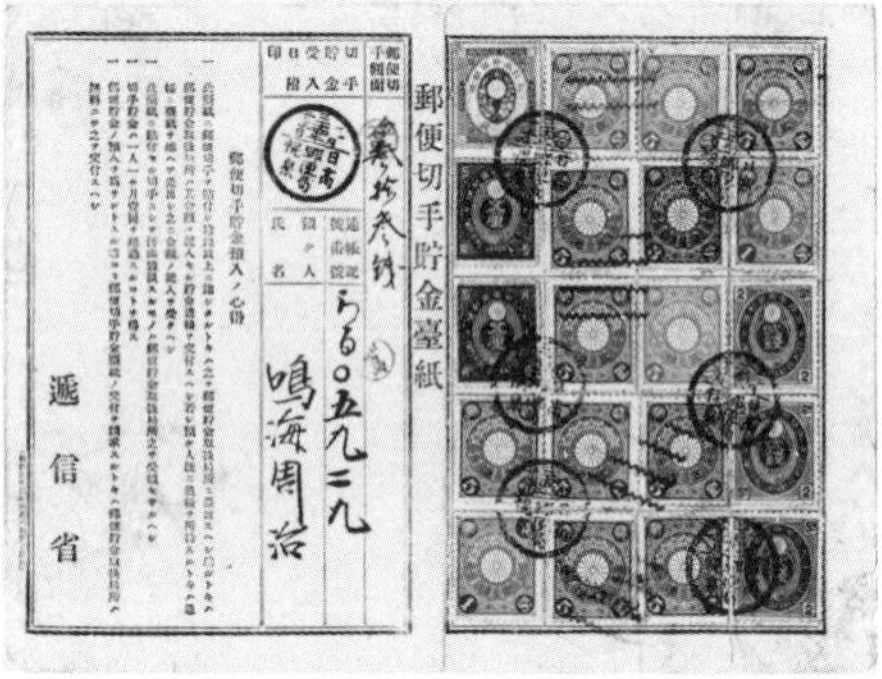

内側

「甲府局でこの〔貯金台紙〕取扱を開始したところ、奇麗な貯金台紙が無料で交付されるということから、台紙集めに、毎日数十人の学童が窓口に押しかけ、忽ちなくなってしまい、実際に利用するものに不便な思をさせる始末となった」とある(22)。また、先ほど紹介した田中光は、三島町三等郵便局が一九〇〇年五月に逓信省に次のような手紙を出したことを紹介している。

拝啓時下益御清穆恐悦不斜《ママ》奉賀候、陳者彼之切手貯金之義目下頗ル好況ヲ祝シ学校及其以上之者より日々要求有之候有様ニ候処、台紙欠乏シ、当局之如キハ残枚一葉モ無之、之ヲ分掌局へ請求スルモ口実者本省より交付無之云々ニシテ、今日奨励誘導之期ニ望ミ小生之信用ヲ失スルノミナラズ局ノ体面ニも相関シ、且ツ学童之如キハ時機ヲ阻喪スルトキハ挽回頗ル困難ニ有之候、元来切手台紙之如キハ固ヨリ勧誘ヲ主トシテ御発行ナリタルモノナレバ、其多数ヲ要スルハ勿論ニシテ意外ニモ如此多数ノ需要ヲ来シタルヲ口実トスベキ性質ノモノニ無之、苟モ一省之経営セラルル事業ナルニモ不係、忽チニシテ之レカ執行上之用紙ニ支障ヲ生スルハ、事零細ニ似タレドモ此上ナキ不面目ニシテ遺憾骨髄ニ徹シ候……(23)

切手貯金の開始からわずか二か月で局内に貯金台紙が一枚も残らないほどの好況ぶりで、逓信省でも在庫を切らしていたのである。

人気の高さは、切手貯金の物珍しさもあったかもしれないが、それ以上に台紙が無料だったためであった。実際、「学校生徒ノ如キハ好奇心ニ駆ラレ多数ノ切手台紙ヲ請求スルモ実際之ヲ使用シテ預入ヲ為ス者ハ台紙交付数ノ五割ニ達セス、台紙濫費ノ弊甚シク之ニ堪ユルコト能ハサル」状況が生じていたことが伝えられている(24)。どうやら半分以上の無料台紙が貯金ではなく、何か別の目的に流用されてしまったのである。

台紙の有料化

こうした状況に対処するため、逓信省は早くも一九〇〇(明治三十三)年九月二十九日に「郵便切手貯金規則」を一部改正し、「郵便切手貯金台紙ハ壱銭郵便切手ノ印面ヲ印刷シ該印面金額ヲ以テ郵便局所ニ於テ之ヲ売下クルモノトス」(第五条)とした。台紙に一銭切手の印面をあらかじめ一つ刷り込んで

図８　1903年　学業優等につき貯金台紙と切手を賞与する表彰状

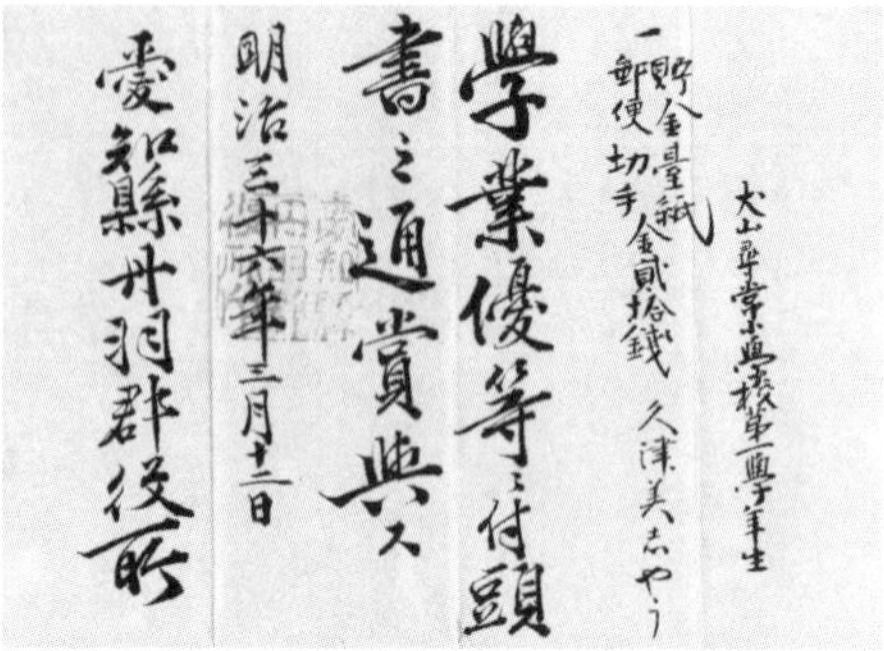

（出典：名古屋大学教育発達科学研究科教育史研究室蔵）

一銭で販売することにしたのである。

そして一九〇一年十月からは、内側左面に一枚の切手印面が印刷された台紙（第二次台紙）が発行された。デザインには、富士山に金庫と牡丹の花を組み合わせたものと、二宮尊徳を描いたものという二種類があった。前者には「ちりもつもれはやまとなる」「貯金は業を起すの基」と刷り込んであった。後者には「二宮尊徳翁　若きとき勤倹貯蓄の道を講して領主の家老服部某の家計の窮困を救ふ」「貯金は家を興すの本」という、二宮尊徳にまつわるエピソードとメッセージが記されていた。

台紙の目的外使用を防ぐためにとられた有料化は思わぬ効果をもたらした。これによって、台紙に「賞品」としての使用価値が付加されることになったのである。このため小学校などでは子どもに与える「ご褒美」としてしばしば用いられることになった。たとえば、愛知県の小田井尋常小学校では「操行、学業とも優秀にして他の亀鑑となるべき者には一小学期毎に貯金の台紙一二枚を賞与」していた[25]。愛知県犬山町の久津美家旧蔵の資料[26]には、一九〇三年に犬山尋常小学校一年生の児童が「学業優等」につき「貯金台紙、郵便切手」などを愛知県丹羽郡役所から賞与されたことを示す表彰状が残されている（図８）。これは、子どもの学業面や道徳面でのモチベーションを高め、同時に貯金の奨励にもなるという一石二鳥を狙った取り組みだった。
　一九〇一年十一月には「郵便切手貯金規則」第三条が改正され、「郵便切手貯金ヲ為サントスル者ハ郵便切手貯金台紙相当欄全部ニ同一種類ノ郵便切手ヲ貼付シ之ヲ貯金通帳ニ添ヘ貯金取扱所ニ差出スヘシ　前項貯金台紙ニ貼付スヘキ郵便切手ハ左ノ三種ニ限ル　五厘郵便切手　一銭郵便切手　二銭郵便切手」となった。これにより、①預け入れの際には台紙の貼付欄すべてに切手を貼り付けること、②一枚の台紙に貼り付ける切手は同一種類のものに限ること、③使用できる切手は五厘、一銭、二銭の三種類に限定することになった。いずれも窓口の係員の手間を軽減するための措置だった。

図9　第3次郵便切手貯金台紙

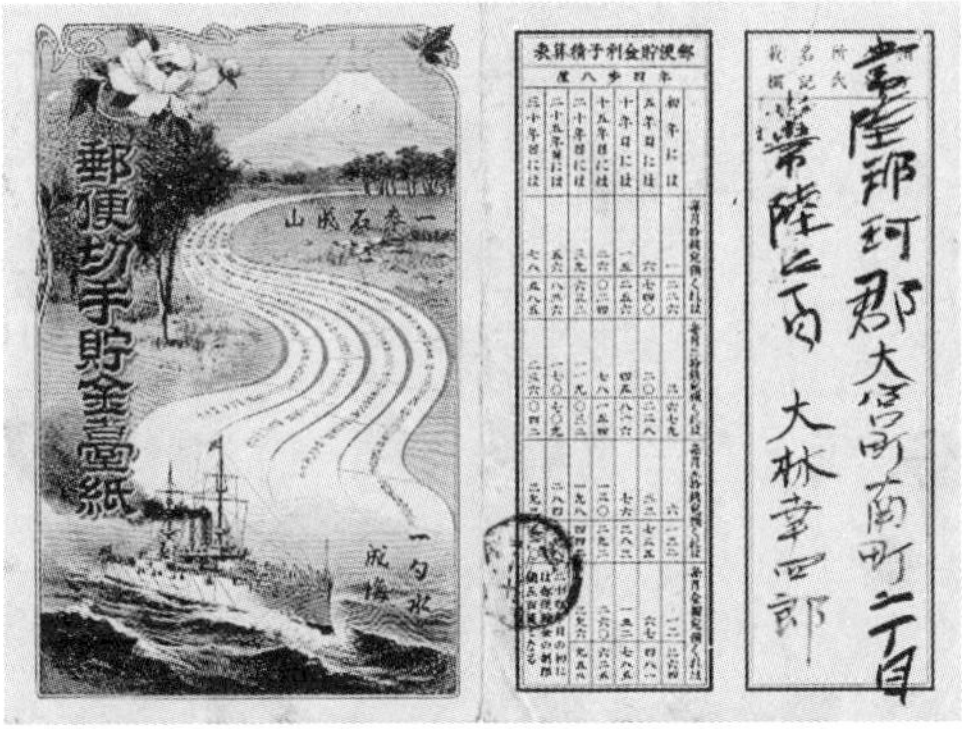

　一九〇三年四月には規則の再改正がなされ、切手貼付欄のすべてにその初頭（右端最上部）に印刷してある切手印面と同額の切手を貼付することが規定された。これにともない五月から当該欄に切手印面を刷り込んだ台紙が発行された（第三次台紙）。表のデザインは従来からの二種類に、富士山に川と軍艦を描いたものが加わって三種類になった。そこには「一拳石成山」「一勺水成海」という、コツコツと貯金をすることの大切さを示唆することばが添えられていた（図9）。

私製台紙の誕生

日露戦争中の一九〇五（明治三十八）年二月十六日に「郵便貯金法」が制定されると、それに基づき五月十八日に逓信省令第三六号をもって「郵便貯金規則」が制定された。切手貯金に関する規定はそのなかに吸収され、「郵便切手貯金規則」は廃止された。同時に「郵便切手貯金台紙ハ私製ノモノヲ使用スルコトヲ得　前項台紙ノ紙質、寸法及必要ナル欄劃ハ郵便官署発行ノモノト同様ナルコトヲ要ス、但シ郵便切手印面ヲ印刷スルコトヲ得ス」という規定が加わり、決められた規格であれば台紙の私製が認められることになった。

翌一九〇六年には二つ折の紙を使うことを取り止め、従来の半分の大きさで片面に住所・氏名欄、もう片面には切手貼付欄を設けた台紙が発行された（第四次台紙）。表紙のデザインは廃止された。これは用紙の節約と取り扱いの簡便化を図ったものだった(27)。私製台紙の承認と台紙の小型化（同じ大きさの紙で従来の二倍の台紙を作ることができる）は、貯金奨励とそのためにかかるコストとのあいだで矛盾が顕在化しつつあったことを示唆している。

「郵便貯金規則」は一九一一年三月十七日に一部改正された。これによって、私製台紙の認可手続きが定められ、また使用できる切手が五厘、一銭、一銭五厘、二銭、三銭の五種類に増やされた。同時に台紙への切手印面の印刷を廃止した。これは、使用可能な切手の種類が多様化したため、切手印面の印刷を続けると各金額の印面付台紙を発行しなくてはならなくなったことと、貯蓄思想がすでに一般に普及したことから台紙を無料で交付しても目的外使用のおそれがなくなったと判断されたためだとされている[28]。

4　切手貯金の減少と停止

図10　郵便切手貯金預入口数と金額

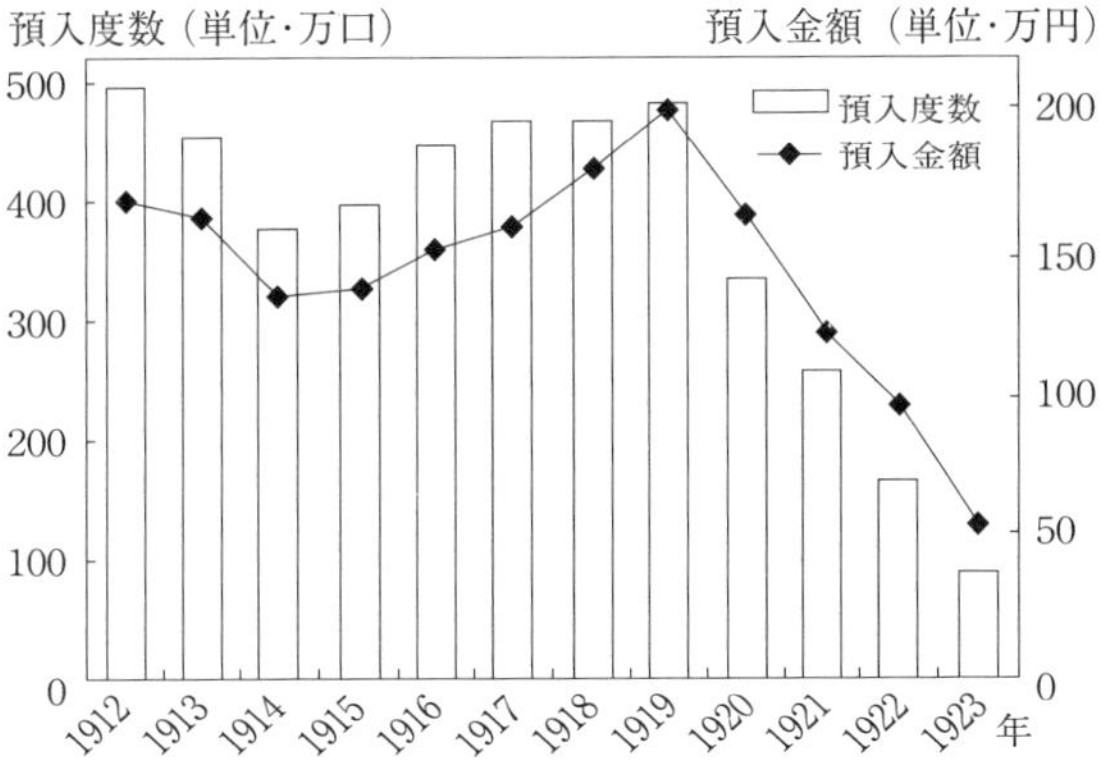

（出典：「昭和十六年七月　切手貯金取扱再開　持参人払創設其他業務整備」国立公文書館所蔵）

減少する切手貯金

しかし、切手貯金はそのまま順調に普及していったわけではなかった。図10にみるように切手貯金預入口数は、一九一二（大正元）年から一九一四年ごろにかけて最初の減少期を迎えたのである。一九一四年八月二十五日付の『教育時論』第一〇五七号は、「郵便切手貯金規則」の制定後、各府県では貯金を奨励したが「爾後次第に緩慢に流れ今日に至りては、何等の効果なきのみならず、十四箇年を経過したるに両省共、未だ一回の実績調査を為したる事なければ、今回文逓両省は協議の上貯金の現在高を調査し、併せて今後の方法を講究する事となりたりと」伝えている[29]。切手貯金が「次第に緩慢」になってしまったので文部省と逓信省とが調査したうえで今後の方針を協議することにな

図11　大礼紀念郵便切手貯金台紙

図12　平和紀念郵便切手貯金台紙

ったというのである。

　子どもの切手貯金が「著しく減少」してきた理由について、『教育時論』第一〇八一号は、「固より児童相手の事であるから多少切手の汚損は免れぬ、所が『当局の査閲は非常に厳密で、一々顕微鏡で調べるから』といふて土地の郵便局では折角台紙に貼用した切手を針頭大の汚点でも容赦なく取代へさせるのである」として「之も確かに一因と思はるゝのである」との投書を掲載した(30)。郵便局の厳格な対応が原因の一つだというのである。

　こうした減少に対して「文部省にては之れが恢復の策を講究中にて、既に逓信当局者に対しても、児童の貯金状態を調査せしむべく依嘱し置きたれば、其結果に依りて適当なる善後策を計る方針」だと田所美治普通学務局長が語ったという(31)。切手貯金制度へのテコ入れ策が検討されていたのである。

　しかし、第一次世界大戦の勃発を契機として切手貯金は息を吹き返した。一九一五年十一月には皇太子裕仁の「立太子の礼」を記念した「大礼紀念郵便切手貯金台紙」(図11)が発行されたことも大き

図13　第5次郵便切手貯金台紙

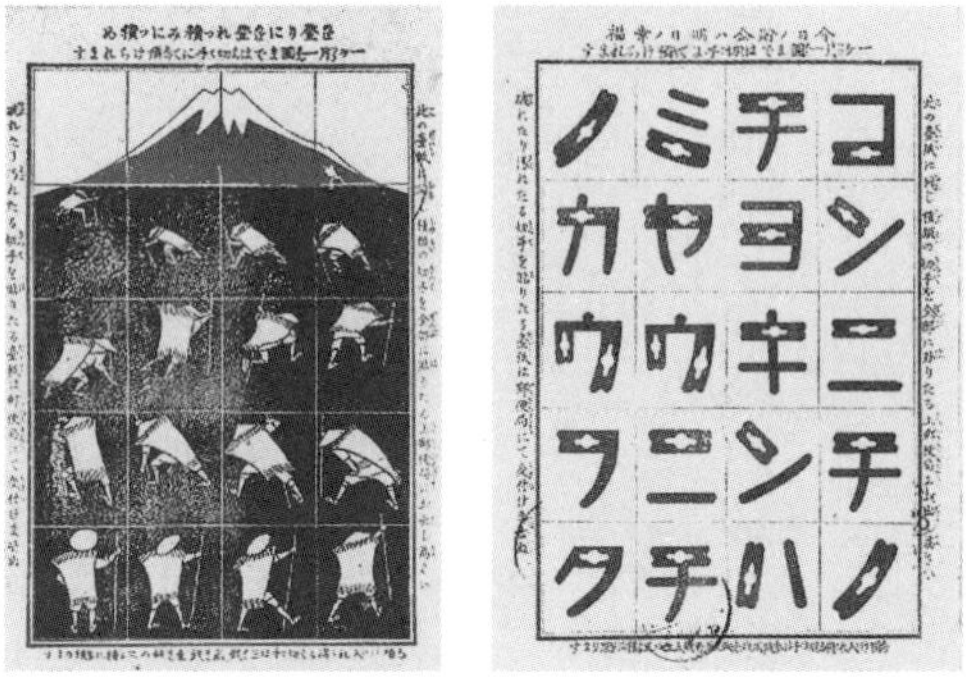

かったかもしれない。一九一九年七月には第一次大戦終結を記念した「平和紀念郵便切手貯金台紙」（図12）が発行された。さらには、この時期、貯金を勧める標語や図柄を切手貼付欄に印刷するという工夫が施された新しいタイプの台紙が発行された（第五次台紙／図13）。

だが、先の図10にみるように、切手貯金の預入口数と金額は、ともに一九一九年度の四八〇万口、二〇〇〇万円をピークに急減し、持ち直すことはなかった。郵便貯金全体の預入人員はこの時期一貫して増加していたから、このことは郵便切手貯金制度がいよいよ歴史的役割を終えつつあったことを示唆している。

一つの原因は、一九二〇年六月一日に「郵便貯金規則」が改正され、使用できる切手を一銭、二銭、三銭の三種類に限定し、五厘単位の切手が使えなくなったことにあったのかもしれない。しかし、そうした手続きの変更以上に第一次大戦を画期とした農村経済の変動に基づく、小作人の生活水準欲求の高まりという、より構造的な原因による可能性が大きいように思われる。大門正克は、従来「下等社会視」され、倹約や勤勉等の通俗道徳意識の内にあった小作農民たちがこの時期「自負心」をもち始め、「人間たる以上」「相当の生活」を当然と考えるようになったと指摘している(32)。こうした小作農民たちの意識変革に基づけば、最低預入金額に達するまで切手を一枚一枚地道に貼り続けるという、ある種の「つましさ」をもった切手貯金が急速に魅力を失っていったとしても不思議ではない。

その一方で、切手貯金の建て直し策も模索されていた。たとえば、一九二二年十一月に大阪で開催された第七回大都市聯合教育会では、都市の子どもたちに推奨する「貯金法は成るべく郵便局切手貯金に依ること」が可決されている(33)。また、一九二三年に刊行された逓信省貯金局編『郵便貯金奨励状況』における「郵便局ニ於ケル奨励上ノ措置」の記事には「郵便切手、同台紙、通帳袋、其他物品ノ寄贈」によって貯金を奨励していた様子をみることができる(34)。それによると貯蓄奨励のために物品寄贈を行なっていた全国二四〇の郵便局のうち約八〇パーセントに当たる一九〇局が小学校に寄贈しており、その多くが貯金貼付台紙や切手だった。だが、こうした取り組みも減少の流れを食い止めるまでにはいかなかった。

切手貯金の停止と「特別承認」

一九二三(大正十二)年九月一日、関東地方を突如巨大地震が襲った。この関東大震災により、逓信省は九月二十九日、切手貯金の取り扱いを「当分の間」停止すると伝えた。その理由は何だろうか。旧逓信省の郵便貯金関係の簿冊を検索すると「切手貯金取扱停止ノ件」の省令案に添付された貯金局罫紙に「切手預入ノ取扱ヲ停止スルトキハ一ヶ年約一億二百万枚ノ切手ヲ節約スルコトヲ得テ切手在庫品ノ少キ目下ノ実情ニ対シ切手貯金ノ取扱停止ハ緊要ナル措置ト認ム」とあるのを見出すことができる(35)。

このことは、切手貯金の取り扱い停止が切手の在庫不足に対する緊急措置だったことを意味している。逓信省では本省庁舎が被災して切手類は灰燼に帰しており、印刷局の工場も焼失してしまったため、切手の印刷も不可能になっていたのである。

とはいえ、じつは完全に停止したわけではなかった。台湾と朝鮮では従来通り取り扱われていたし(36)、これまでほとんど知られてこなかったが、植民地以外でも逓信省貯金局から「特別承認」を受ければ切手貯金を手続きすることができたのである。

「特別承認」は次のような経緯で始まった。震災発生の翌一九二四年六月二十一日付で大阪逓信局から逓信省貯金局に次のような要請があった。

監法第三一七六八号

大正十三年六月二十一日

大阪逓信局

貯金局御中

切手貯金取扱再開ニ関スル件

客年十月以降切手貯金ノ取扱ヲ一時停止相成居候処、右ハ遠カラス取扱再開セラルヘキ義ト信シ学校等ニ於テ引続キ切手貯金ヲ為サシメツヽアリタル尚モ不尠モノヽ如ク、昨今之カ処置ニ困難ヲ感シツヽアル模様ニテ此際特別ノ取扱ヲ要望スル尚モ多数有之候ニ付テハ右学童貯金ニ限リ既ニ貼付済ノモノニ対シテハ此際特ニ其ノ取扱ニ応シ得ルコトニ詮儀相成度(37)

大阪逓信局は、切手貯金の停止後も再開を見込んで学校等で切手貯金を続けるものが多く、困難を感じているため、「学童貯金」に限って承認して欲しいと逓信省貯金局に訴えたのである。大阪逓信局によれば、震災後も切手貯金を続けていたのは、管内の大阪、和歌山、京都、兵庫、奈良、滋賀、徳島、高知の計八府県一〇九校におよんでいた。切手を貼った台紙が無効となってしまえば持ち主（子どもたち）は損害を被ることになるし、なにより郵便貯金への信頼が損なわれることになる。貯金局は、結局、要請を認めることとした。

同年十一月十二日には、東京逓信局も、児童等が小額の貯金を楽しみ台紙に切手を貼付してきたのだが、切手貯金の停止によりその取り扱いに窮しているとの問い合わせが少なくないので震災前に貼付したものは受け付けることにしてはどうかと照会してきた(38)。

これを受けて逓信省貯金局は、目下のところ郵便切手貯金の取り扱いを停止しているが、停止前に台紙に貼り付けてしまったとして預け入れの申し出があった場合には、「其ノ都度取纏メ当局ノ承認」を得て取り扱いをすることにしたとの通牒を十二月八日付で各逓信局に発した。限定的な救済策を提示したのである。だが、これに対して、東京地方逓信局は、いちいち貯金局に「特別承認」を求めるのは時日と手数を要するので各逓信局の専決事項にして欲しいと食い下がった。

しかし、貯金局は、五月十三日付で「震災前切手貼付貯金承認取扱開始後既ニ二ヶ月ヲ経過セルヲ以テ大体之等ノ預入ヲ見タルモノトモ思料セラレ候ニ付従来通処理ノコト、致度」と、従来通り「特別承認」の手続きをするように回答した(39)。貯金局は、判断を地方の逓信局に委ねようとはしなかったのである。台紙に貼付された切手が取り扱い停止前に貼付されたものなのかどうかは判別が困難だったから、地方の逓信局の専決事項にすると、逓信省貯金局のコントロールを離れて事実上の再開となってしまうことへの危惧があったためではないかと考えられる。

いずれにしても、第一次大戦後、取り扱いが減少していた切手貯金は、関東大震災後にもこのようにほそぼそと続けられていったのである。

第4章　勤倹貯蓄奨励策の展開

1　日露戦時・戦後経営下の施策

日露戦時下の勤倹貯蓄奨励策

少し先を急ぎ過ぎた。本章では、学校貯金を政府による勤倹貯蓄奨励策に位置づけるために、それが本格的に展開されるようになった日露戦争開始時まで時計の針を戻すことにしたい。

一九〇四（明治三十七）年二月、日露戦争が始まると、政府は、勤倹貯蓄を奨励するための施策を強力に推進していく。すでに日露両国間での緊張が高まり開戦不可避とみられた一九〇三年十二月には逓信省が「規約貯金特別取扱規則」を施行し「規約貯金」を新設していた。これは官庁や工場などで貯金預入者が集まって規約を作り、貯金の特別扱いを受けるものだった。「規約貯金」には、総代人を指定するもの、払い戻しの条件や預入期間などを決めるもの、預け入れのために吏員の出張を受けるものなどがあった(1)。

日露開戦後の一九〇四年八月には「郵便集配人取集郵便貯金規則」が施行され、「集配人取集貯金」が作られた。これは預入者数に関係なく郵便集配人が預け入れのサービスを行なうものだった。さらに九月には利率がそれまでの四・八パーセントから五・四パーセントに引き上げられた。その閣議請議には、「帝国ノ財源ヲ充実シ軍資ノ補給ヲ遺憾ナカラシムル為メ勤倹貯蓄ヲ勧奨シ且軍費ノ支出ニ依リ民間ニ散布セル資金ノ回収ヲ図ルハ刻下ノ最大急務トス」とあった(2)。軍資補給のための財源に充てること、および民間に流れた資金の回収を目的としていたことがわかる。市中に出回った資金を放置することによってインフレーションが発生することを懸念したのである。十一月になると「据置郵便貯金」が新設された。これは、預金者自身が定めた期間内は払い戻しができないというものだった。ただし、利率は通常の貯金とかわりなかった。

政府による勤倹貯蓄奨励の方針に教育界でも直ちに反応があった。なかでも帝国教育会は積極的な動きをみせた。帝国教育会は、開戦後、「戦時に於ける国民の心得」というチラシを作成し全国に配布したが、そこには「人人節倹して着物や食物などに奢りをせず、少しでも徒の費を省き、銀行や郵便局に金を預けて国の費用に足すことが肝要である」と勤倹貯蓄の励行が呼びかけられていた(3)。個人的な勤倹貯蓄が国家への貢献につながる道すじを示したのである。

さらに各地で戦時教育政策の一環として学校貯金が奨励されていく。たとえば、群馬県では一九〇四年十二月に訓令をもって「戦時ニ於ケル教育上ノ施設概目」が示されたが、そのなかで「学校生徒ニ郵便貯金ヲ奨勧スルコト」が挙げられた(4)。岡山県でも一九〇五年二月に同様のことが訓示された(5)。さらに開戦直後、知事が「勤倹貯蓄の告諭を発して、特に軍費調達のため県民に勤倹貯蓄の奨励を行った」岩手県では、続いて「今ヤ時局ニ際シ、特ニ其ノ必要ヲ認ムル」として学校貯金を奨励する訓令が出された(6)。高知県では「時局開始後特ニ職員児童ハ勤勉貯蓄ヲ勉メ」児童は「海藻ノ採集」「果実蔬菜等ノ売却」「地引網引キ」「子守」「箒ノ製作」など、さまざまな労働によってえた金銭を貯金したと報告されている(7)。

日露戦争の戦費約一五億円のうち八億円は外債によったが、残り七億円は増税と内国債で賄われた。勤倹貯蓄奨励策によって集められた郵便貯金は国債の消化に重要な役割を果たしたのである。

日露戦後経営と戊申詔書

日露戦争後になると勤倹貯蓄奨励策には新たな意味が付け加えられることになる。

アメリカの仲介により一九〇五（明治三十八）年九月にロシアとの間でポーツマス条約が結ばれた。とはいえ、賠償金を獲得することができず、戦後の日本は、戦費を得るために発行された大量の国債の利子払いにさえ苦しんだ。とくに農村の疲弊は激しく、民衆生活は困窮した。それにもかかわらず、政府は、戦後も軍拡を続けるために臨時増税の継続を決定した。こうしたなか、戦争終結後の一九〇五年十月、文部大臣久保田譲は、文部省訓令第三号を発し、「戦後教育ノ経営ハ実ニ国家ノ急務」としたうえで、「学術技芸ノ発達」、「実業教育」、一般の教育での「正直勤勉忍耐等ノ精神」の養成などと並んで「貯蓄ヲ重スル習慣」を作ることに力を尽くすよう教育者たちに指示した。

しかし、農村の窮乏は深刻さを増す一方だった。そこで農村の建て直しを目的として内務省を中心に「地方改良運動」が展開されていくことになる。この地方改良運動における施策の基本方針となったのが、桂太郎内閣の下、内務省内で起案され一九〇八年十月に発布された「戊申詔書」だった。その全文は次のとおりである。

朕惟フニ方今人文日ニ就リ月ニ将ミ東西相倚リ彼此相済シ以テ其ノ福利ヲ共ニス朕ハ爰ニ益々国交ヲ修メ友義ヲ惇シ列国ト与ニ永ク其ノ慶ニ頼ラムコトヲ期ス顧ミルニ日進ノ大勢ニ伴ヒ文明ノ恵沢ヲ共ニセムトスル固ヨリ内国運ノ発展ニ須ツ戦後日尚浅ク庶政益々更張ヲ要ス宜ク上下心ヲ一ニシ忠実業ニ服シ勤倹産ヲ治メ惟レ信惟レ義醇厚俗ヲ成シ華ヲ去リ実ニ就キ荒怠相誡メ自彊息マサルヘシ

抑々我カ神聖ナル祖宗ノ遺訓ト我カ光輝アル国史ノ成跡トハ炳トシテ日星ノ如シ寔ニ克ク恪守シ淬礪ノ誠ヲ輸サハ国運発展ノ本近ク斯ニ在リ朕ハ方今ノ世局ニ処シ我カ忠良ナル臣民ノ協翼ニ倚藉シテ維新ノ皇猷ヲ恢弘シ祖宗ノ威徳ヲ対揚セムコトヲ庶幾フ爾臣民其レ克ク朕カ旨ヲ体セヨ

御名御璽

明治四十一年十月十三日

内閣総理大臣　侯爵桂太郎

詔書の内容は大きく三つの部分に分かれる。第一段では、近年の国際関係において「列国」とともにその「慶」に頼ることを期すとし、第二段では「国運」の発展には「忠実服業」「勤倹治産」「惟信惟義」「醇厚成俗」「去華就実」「荒怠相誡」「自彊不息」という七つの徳目の実践が必要だとした。第三段では、それらの徳目はもともと「祖宗」の「遺訓」と歴史の「成跡」に基づくものであるとして「国運発展」のため「臣民」がそれを順守するよう求めている。そこで描かれたのは、都市的人間像というよりも二宮尊徳に代表される「近世農民的人間像」だったと解されている(8)。

戊申詔書は、内務省行政ルートを通して趣旨の浸透が図られていった。発布の翌日から開催された地方長官会議では、内務大臣平田東助が「聖旨を奉体」するよう知事に訓示したうえで、併せて詔書の謄本を配布した。その後、内務省地方局が府県単位で詔書の受注と配布を進めていく。詔書が交付されると、知事や郡長、あるいは内務省当局に支援を受けた報徳会などの各種団体の主催で「捧読式」が盛んに行なわれるようになった(9)。

しかし、政府は必ずしも「近世農民的人間像」の再現・普及を意図していたわけではなかった。この詔書は、『官報』に登載された時点ではたんに「詔書」と称されていた。だが、約一か月後の十一月六日に出された内務省通牒により干支を冠して「戊申詔書」と公式に呼ばれることになった。このことは、当時一般にこの詔書が「勤倹詔書」などと理解されがちだったことに対する政策的対応だったと指摘されている。節倹や貯蓄の実践が吝嗇と同一視されたり、あるいは「消極主義」に留まることで消費の停滞を招き、詔書が不景気と関連づけられて理解されてしまったりすることを回避するために、「戊申詔書」と公称することで「勤倹詔書」という見方を希釈しようとしたというのである(10)。

とはいえ、勤倹貯蓄が軽視されたわけではない。むしろ政府がそこに積極的な意図を込めていたことが重要である。杉浦勢之は、この時期の貯蓄奨励策が地方改良運動に一環に位置づけられていたと同時に次の三つの文脈からも要請されていたと指摘している(11)。第一に、財政難のなかで非募債主義を基本方針としつつ、同時に鉄道の建設・改良を推進するという桂内閣が直面した難題への対処という意味合いがあった。郵便貯金を主要な原資とする大蔵省預金部資金に目がつけられ、鉄道建設・改良事業にその貸付を利用するため、勤倹貯蓄の奨励による同資金の増強がめざされていたのである(12)。

第二に、預金部資金から低利資金を地方に還元することで農業生産力を増強することも企図されていた。詔書の発布を主導した内務大臣平田東助は、一九〇九年五月の地方長官会議で「勤倹奨励の事に関して……因より消極節約の一方に偏するの意にあらず、最も希ふ所は活力あり生気ある勤勉力行を奨めんとするに在り」としたうえで、具体的には「勤労に依り得たる所のものを運用して事業の発展を期せんとす、是れ政府が今の時に於て勤労と貯蓄とを併せて奨励するの要あるとする所以なり」と述べていた。

そして第三に、日露戦争下で発行された国債の購入に充てられた資金が戦後そのまま市中に流出してしまうと物価の高騰が引き起こされてしまうという懸念があり、勤倹貯蓄奨励策にはそうした問題の生起をあらかじめ封じ込めておくというねらいも込められていた。

また、この時期の小学校と地域社会との関係を整理した笠間賢二によれば、内務省は「一般人民」の日常生活に踏み込んで戊申詔書の趣旨の浸透を図ろうとしていたとされる。笠間は、勤倹貯蓄の励行に注目し、それが将来に備える個人的な営みというよりも「町村振興」の観点からなされていたと論じている。そのうえで、「勤倹貯蓄が小学校での教育活動それ自体のなかにも濃厚に反映されていたこと、とくに小学校でほぼ一様に実施されていた学校貯金とその訓育的効果がその典型例であった」と指摘している(13)。実際、愛知県の例を挙げるならば、丹羽郡内の小学校を対象になされた「詔書実践法」に関する調査は、「詔書の暗誦暗書を行はしむるもの」が六校だったのに対して、「貯金奨励をなすもの」も六校あったことを示している(14)。

日露戦争後には戊申詔書の趣旨を実践するとして学校貯金が盛んに行なわれていったのだが、そこには各種事業への投入を目的とした預金部資金の増強や「町村振興」という積極的な意図が込められていたのである。

2 第一次大戦後の施策

施策の多様化

第一次大戦による好況の最中にあった一九一七(大正六)年五月二日、内務、大蔵、農商務、逓信の四大臣は連名で地方長官に勤倹貯蓄を奨励する訓令を発した。それは、好景気に浮かれて国民生活が奢侈に流れることを戒め、来るべき戦後に向けての準備として「益々勤倹の風を奨め、質実の俗を養なひ、冗費を節し、余資を積」むことを求めるものだった。この訓示の後半では「他の地方官署、公職諸員並びに有志者と相提携し、各種団体と聯絡」を保つべきことが示されているが、その具体的方法については、公私集会の利用、副業の奨励、会社・工場などでの規約貯金の奨励、各郵便局での「貯金案内」の配布が指示された(15)。

ドイツが休戦協定に調印し、事実上第一次大戦が終結した際にも、先の四大臣は、日本経済のいっそうの引き締めを図るために再び同様の訓令を発した（一九一八年十一月二十六日）。それは、「此際一般国民に対して更に一層自覚的に消費の節約を促し、余財を蓄積して生産資金の増殖を図り、以て戦後の経営に資すると共に、一面生活の安定を期する」ことを求めたものだった(16)。たんなる「消費の節約」でなく「生産資金の増殖」という目的を掲げているあたりに、日露戦争後に強調されるようになった勤倹貯蓄奨励策の積極性が継承されていることがうかがえる。

しかし、具体的な施策の面をみると新たな試みが始まったことがわかる。この訓令が出されると逓信省為替貯金局は次のような要領で貯蓄奨励のための標語を募集したのである。

貯蓄奨励用標語募集

左記条件ニ依リ貯蓄奨励用標語ヲ募集ス

大正七年十一月二十七日　　　為替貯金局

一、勤倹貯蓄思想ヲ鼓吹スルモノナルコト
一、字数ハ十二字以内トス、但シ成ルヘク簡潔ナルヲ可トス
一、用紙ハ半紙半截トス
一、原稿ハ為替貯金局長宛トシ上封ヘ投稿者ノ住所氏名ヲ記載シ且ツ睹易キ箇所ヘ『懸賞応募』ノ文字ヲ朱書スルコト
一、懸賞金額
一等　百円一人、二等　五十円二人、三等　三十円三人、四等　十五円四人、五等　十円五人
同文ノモノ多数アルトキハ到着順ニ依ル
一、投稿ノ締結期日ハ大正八年一月三十一日限トス
一、審査ハ当局ニ於テ之ヲ行ヒ入選人名ハ官報等ヲ以テ発表ス
一、入選ノモノハ当局之カ著作権ヲ有ス
一、応募原稿ハ返付セス(17)

この標語募集について野田卯吉逓信大臣は「奈何にして貯蓄を奨励するか、此れは従来活動写真、ビラ広告、又は講演に依つて貯蓄の精神を鼓吹したが、今後も此の方法に依ると共に、汎く勤倹貯蓄に関する標語格言を求め此れに依つても勤倹貯蓄の風を養成するに努むる考へである」と述べた(18)。標語

募集が新たな企画だったことが示唆されており、ここに勤倹貯蓄奨励策の拡大がうかがえる。

この初めての試みはかなり人気を呼んだ。東京や大阪を始め、遠くは樺太や満州、ハワイからも応募があり、応募人員三万三五〇〇人、句数一〇万九五一二句に達した。応募作には「貯金は身の為国の為」「皇国の興廃此一銭にあり」など同じようなものも多かったとされる（『東京朝日新聞』一九一九年三月十三日付）。そのなかから一九一九年三月十四日に次のような入選作が発表された（『東京朝日新聞』一九一九年三月十五日付）。

一等「貯金は誰にも出来る御奉公」
二等「現金は瘠せ貯金は太る」「一銭を笑ふ者は一銭に泣く」
三等「貯金は金次郎を尊徳となす」「貯金は生を彩色す」「パラリ出すより貯金勝ち」

財政的裏づけ

懸賞付の標語募集が実施されるようになった背景にはそれを支える経費の獲得があった。一九一七（大正六）年十二月十日に「大正三年臨時事件予備費」のなかの逓信省所管分から貯蓄奨励費として四万四四四五〇円を支出することが認められたのである(19)。「大正三年臨時事件予備費」とは、第一次大戦への参戦に当たり、陸軍省と海軍省が所管する臨時軍事費特別会計が設定されたのに対して、他の省でも戦争に関連して必要となる経費のために同年度から一九二〇年度まで毎年度一般会計に計上されたものである[20]。この時期、勤倹貯蓄奨励のために進められたさまざまな具体的施策について、為替貯金局長の天岡直嘉は、一九一七年以来の「臨時事件〔予備〕費より所要経費の支弁を仰」いだと述べている（『新愛知』一九一九年三月二日付）。勤倹貯蓄奨励のための具体的方策の多様化にはこうした財政的裏づけの成立があったのである。

これをきっかけとして、より積極的な勤倹貯蓄奨励策が進められていく。一つは、物品の配布による勤倹貯蓄の奨励が始まったことがあげられる。逓信省貯金局は、「小学児童の貯金思想を喚起せしむるため、今回奨励の標語を刷込める台紙と絵入のカード二十万枚を試験的に全国の各小学校に配付した」[21]。また、逓信省貯金局編『郵便貯金奨励状況』によれば、一九二一年中には次のような「中央ニ於ケル奨励上ノ措置」が実施されたという。

① 貯蓄奨励絵葉書五〇万枚、ポスター五万五〇〇〇枚、ポスタースタンプ（「ミシン〔目〕入、糊付ニテ一枚ニ五十箇ノ絵ヲ連続セルモノ、及一枚ニ百箇連続セルモノ」）七〇万枚、行賞貯金案内二〇万部などの「印刷物ノ発行」

② 「全国ニ亘リ四十三ヶ所ノ大小展覧会其ノ他ノ会合ニ出陳シ、其点数百六十三」にのぼったとされる「図表類ノ出陳」

③ 「従来毎月刊行シ来レル事業概況ノ内容ヲ一層充実シテ江湖ノ要望ヲ満シ、且ツ又統計的数字ニ関聯シタル奨励記事ヲ新聞社ニ寄稿シ、或ハ来訪ノ新聞雑誌記者等ニ資料ヲ提供シ以テ紙上宣伝

ノ実ヲ挙クルニ努メ」るという「出版物ノ利用」
④「貯金実話」や「勤倹貯蓄ノ歌」などの「懸賞募集」
⑤「既製映画ハ頻繁ニ使用シ且取材モ古ヒタルモノアルヲ以テ新ニ『砂上の家』ト題スル映画一組（二巻）」の制作
⑥「事務上支障ナキ限リ参観ヲ応諾シ執務ノ状況ヲ目睹セシメタル上一般事業ト共ニ貯金奨励上ニ関スル講演ヲ試ミ、貯金案内類ヲ交付スルヲ常トセリ」(22)

日露戦争の終結以降、勤倹貯蓄奨励策では「生産資金の増殖」など目的面での積極性が強調されるようになった。第一次大戦後にはそれに加え、臨時事件予備費を活用して大量の印刷物を配ったり、懸賞募集や新たな映画制作に乗り出したりするなど、経費をかけた積極的な手法を取り入れた勤倹貯蓄奨励策が進められた。要するにこの時期には目的と手法という二重の意味で積極的な勤倹貯蓄奨励策が展開されるようになったのである。

3　関東大震災後の施策

切手貯金再開の要請と対応

ところが、こうした積極的な勤倹貯蓄奨励策は、関東大震災によって手法の面で一定の修正を余儀なくされる。コストの削減が問題になってきたのである。先に述べたように切手貯金制度も基本的には停止した。部分的な救済措置としての「特別承認」はなされていたが、逓信省貯金局は一九二五（大正十四）年二月ごろから切手貯金制度の廃止に向けて検討に入っていた。

その一方で、切手貯金取り扱いの停止以降、逓信省には個人や教育関係団体から再開の要望がしばしば寄せられていた。たとえば、一九二五年二月に長野県高田市の山田文吉なる人物が次のような「請願」を提出している。

政府ハ勤倹力行ヲ奨励シ置キナカラ震災前迄切手貯金ヲ扱ヒ置キシニ其后未タ該貯金ニ取扱ヲ為サス、子供ノ日々無駄ニ扱フ小使銭モ莫大ノモノニシテ該貯金ノアリシ頃ハ一日ニ一銭ナリ二銭ナリノ必ス切手ヲ求メ二十枚ヲ貼用スルヲ栄トシ郵便局ニ切手貯金励行シタルモノナルニ今政府ハ勤倹力行ヲ唱ヒツ、之ヲ復活セサル如何ノ次第ニ候哉、至急全国ニ向テ取扱ノ指令ヲ発行相成度請願仕候也(23)

政府が勤倹力行を呼びかけながら切手貯金を停止しているのは筋が通らないとして直ちに再開するよう求めたものだった。

しかし、逓信省貯金局は、こうした要請に応じるどころか、反対に廃止する方向で停止を継続する意向を固めつつあった。一九二五年二月二十三日付で作成された次のような貯金局の内部資料が残されている。

切手貯金再開始ニ関スル件

右ニ関スル申告ハ切手貯金取扱停止後屢々受理スル所ナルモ曩ニ当該貯金制度廃止ニ関シ調査高覧ニ供セシ左記ノ如キ理由モ存シ必スシモ之レ一般公衆ノ要望ナリト思料スルコトヲ得ス、又一面本制度ノ廃止ハ貯金法改正事項ナルヲ以テ今遽ニ之ヲ決定シ難キモノアルヲ以テ当分取扱停止ノ現状ヲ維持シ時期ヲ見テ其ノ存廃ヲ決定スルコトト致度、尚又取扱停止以前切手貼付ノモノニ関シテハ当局ノ承認ヲ経テ預入取扱方十三年十二月貯業第二三五号ヲ以テ各逓信局ニ通牒済ニ有之候

記

一、少額貯金ノ不必要

明治三十三年切手貯金創設当時ハ十銭以下ノ少額預入方法トシテ当該貯金ヲ必要トシタルモ爾来逐年物貨〔価〕騰貴ニ基因シ今ヤ貨幣価値ハ往年ノ三分ノ一トナリタルヲ以テ必スシモ少額預入方法トシテ切手貯金制度ヲ存置セシムルノ要ナシ。

二、切手貯金利用ノ実況

大正十三年十月各逓信局ヨリ切手貼付預入済貯金台紙（一銭、二銭、三銭ノ三種）ヲ取寄セ十銭以上ノ切手額ヲ同時ニ貼付預入セルモノヲ調査セルニ預金者百人中七十六人ヲ算セリ、之レ明ラカニ少額貯金ノ不必要ナル所以ヲ立証スルモノナリ

三、切手貯金廃止ニ伴フ手数及経費ノ節減
イ、預入ノ手数
ロ、郵便切手約五千万枚及台紙約五百万枚調製手数
ハ、切手貯金取扱手数（貯金法第十七条、規則自第四十七条至第五十条、規程自第三十条至第三十二条ノ削除）
ニ、切手割引額ニ対スル補償金年額約三万円
ホ、切手台紙調製費年額約七千円
へ、切手調製費年額約一万円(24)

これによれば、①物価上昇により、一〇銭以下の少額貯金制度が不要になってきたこと、②調査から、一〇〇人中七六人が同時に一〇銭以上の切手額を預け入れていることが判明したこと、③廃止により手数や経費が節減できること、といった理由もあり、また再開要請はあるものの必ずしも一般的なものとはいえない。ただし、切手貯金の廃止は「郵便貯金法」の改正事項でもあるので、当面、停止を継続し、機をみて存廃を決するというのである。このことから、「停止」は、事実上、廃止を前提としたものだったと考えられる。実際、一九二五年六月ごろには、当時、郵便貯金が減少しつつあったため、大蔵省と交渉して代替策をとったうえで切手貯金を廃止することが逓信省の逓信局長会議で決まったという報道もなされている（『九州日日新聞』一九二五年六月十七日付）。

しかし、「郵便貯金法」は、一九三六年六月に一度改正されたものの、そのときには切手貯金制度は廃止されなかった。とはいえ、停止を継続するという逓信省貯金局の方針は一九三〇年代末になっても変わらなかった。一九三九（昭和十四）年二月十七日には茨城県の「教育部会長会」からも次のように切手貯金の復活が建議された。

現下ノ情勢ニ鑑ミ貯金報国ノ精神ヲ涵養スル方途ハ幾多アルモ特ニ小学校児童ニ対スル貯金奨励ノ方法トシテ郵便切手ニヨル貯金法ハ実生活ニ即シ且預金額増大ヲ図ル上ニ最モ適切ナリト認ム茲ニ茨城県小学校教員代表ヨリナル部会長会総会ノ決議ヲ以テ之ガ速カニ復活実現セラレン事ヲ建議ス(25)

「茨城県小学校教員代表ヨリナル」という茨城県教育部会長会がいかなる団体かは不明だが、ここでも切手貯金が小学校の児童に「貯金報国ノ精神」を身につけさせるために最適の方法であるとする立場からその再開が要望されている。これを受けて貯金局は、二月二十二日に逓信大臣、次官ら省内の首脳に対して次のような検討結果を供覧に付している。

郵便切手貯金制度再開方ノ件

右ニ関シ茨城県教育部長会々長浜口造酒之介ヨリ別紙ノ通建議有之、郵便切手貯金制度ハ大正十二年ノ震災ニ際シ郵便切手調製能力減退ノ為切手使用ノ緩和ヲ図ル趣旨ヨリ之カ取扱ヲ停止シ今日ニ至リタルモノナリ、而シテ本制度ハ一度ニ十銭（最低預入金額限度）以上ノ預入ヲ困難トスル学童等ニ小額貯金ノ便宜ヲ得セシムル目的ヲ以テ明治三十三年創始セラレタルモノナル処、当時ニ比シ今日ニ於テハ国民所得並ニ貯蓄力等遥ニ増進シ学童等ト雖十銭程度ノ預入ヲ為スハ必スシモ困難トセサルノミナラス郵便切手台紙ノ調製其ノ他取扱上比較的手数ヲ要スル関係モ有之旁々本制度再開ノ要否ニ付テハ尚篤ト考究ノ余地アルモノト思料セラル(26)

切手貯金制度は、もともと最低預入金額である一〇銭以上の預け入れが難しい児童等の便宜のために制定されたものだが、今日、児童等でも必ずしも一〇銭の預け入れに困難を感じていないこと、台紙の調製や取り扱いの手数がかかることから、再開の要否についてはさらなる検討が必要だというのである。再開に向けての積極的な材料は何も示されておらず、貯金局はやはり再開に否定的だったといわざるをえない。

これまでみてきたように切手貯金の再開論は、いずれも切手貯金が児童の貯蓄習慣形成に大きな役割を果たすものであるという〈教育の論理〉に依拠していた。これに対して、逓信省貯金局は、国民所得の増加による少額貯金の必要性の低下、切手貯金のコストという二つを理由に再開の要望を斥けた。習慣形成という〈教育の論理〉よりも経済的な効率性や収益性という〈金融経済の論理〉が重視されていたのである。

震災復興と貯蓄組合の組織化

関東大震災を契機に切手貯金制度の廃止が逓信省内で決定したからといって、学校貯金そのものは廃止されたわけではなく、まして勤倹貯蓄の奨励がなされなくなったというわけではない。むしろ震災復興に向けてその意義はますます強調されていった。この時期の勤倹貯蓄の奨励策については岡田和喜『貯蓄奨励運動の史的展開』(27)に詳しい。そこで、同書を参照しながらまとめておきたい。

震災後、悪条件での外債の発行、日本銀行による特別融資、復興を目指した公債発行が実施された。必要な資金調達のために一九二四(大正十三)年七月、政府は「復興貯蓄債券法」を公布した。復興には巨額の資金が必要となるが、その一方で復興事業によって市中に撒布される資金を放置すると物価騰貴を招来すると考えられた。このため、勤倹貯蓄奨励策が強力に推進されることになったのである。

一九二四年八月一日、関係各省から召集された関係者によって「勤倹奨励に関する計画要綱」が審議され、八月二十日の閣議で決定された。この計画要綱の概要は、「勤倹奨励の要旨」「勤倹奨励に関する機関」「勤倹奨励の方法」の三つからなっていた。

「勤倹奨励の要旨」については、戊申詔書および「国民精神作興ニ関スル詔書」の趣旨を普及徹底させ国民に実践させるため、質素・勤勉・貯蓄の意義と実行が強調された。「国民精神作興ニ関スル詔書」とは、震災発生後から二か月余りたった十一月十日に大正天皇が出した詔書である。これは、第一次大戦後の経済的繁栄を背景として広がった「浮華放縦」「軽佻詭激」の風潮を戒め、震災復興に向けて

「質実剛健」「醇厚中正」「節制」「忠孝義勇」「博愛共存」「恭倹勤敏」を尊ぶことで、「国家ノ隆盛、民族ノ安栄、社会ノ福祉」を実現するように国民に呼びかけたものだった。この詔書は、先述の戊申詔書と並んで、この時期の勤倹貯蓄奨励策の基調を形づくっていく。

次に「勤倹奨励に関する機関」については、内務大臣管下に勤倹奨励中央委員会を設け、各地方にも地方長官を中心に地方委員会を置く。さらに各種団体にも協力を求め、官公署、軍隊、学校、会社、工場などを単位に「貯蓄組合」を設けることで貯蓄奨励機関の体系化をめざすとしていた。

そして「勤倹奨励の方法」としては、報道を活用した宣伝、年四回の勤倹強調週間の設定、国定教科書への勤倹奨励に関する記述の増加、外国製品の抑制と国産品愛用の奨励、消費抑制の実現、そして、官公庁、軍隊、学校、工場などでの貯蓄組合の結成・活性化をめざすとしていた。

右の計画に基づいて一九二四年九月十日には「勤倹奨励中央委員会会則」が決定され、勤倹奨励中央委員会が設置された。会長には内務大臣浜口雄幸が就任し、学識経験者一五名、大蔵、文部、農林、商工、逓信の各省一七名、東京府知事、東京市長などが委員になった。同委員会は、十月中に二回開催され、勤倹週間の設定や運動の大筋を決定した。

こうして一九二四年十一月十日からの一週間で第一回勤倹強調週間が実施されることになった。各府県では、①勤倹地方委員会、②官公署、商業会議所、各種の学校、宗教団体、教化団体などによる協議会、③郡、市町村長、小学校長、在郷軍人会、青年団、処女会による協議会がそれぞれ設置・開催された。そして「国民精神作興ニ関スル詔書」の奉読会、勤倹強調講演会などが盛んに行なわれた。これと併行して、勤倹貯蓄を実行させるために貯蓄組合の結成・加入が地域や職域、学区ごとに進められることになった。勤倹奨励中央委員会を頂点として各府県に地方委員会が置かれ、その下に各地域で広く結成された貯蓄組合が体系的に組織化されることになった。勤倹強調週間は一九二六年九月一日から一週間の第七回まで実施された。

愛国貯金と学校貯金

岡田和喜によれば、あまり頻繁に繰り返すと人びとは慣れてしまい意義が薄れてしまうという理由で勤倹強調週間はこの第七回で終了したとされる。しかし、少なくとも愛知県では、勤倹奨励愛知地方委員会の決議により、一九二七（昭和二）年十月一日から一週間を第八回として、一九二八年三月十日からの一週間を第九回として勤倹強調週間が継続的に実施されていた。

第八回勤倹奨励強調週間では愛知県学務部長が「勤倹奨励強調ニ関スル件」を出している。その際、とくに「愛国貯金ノ加入ヲ勧奨スルコト」が求められたことが注目される(28)。

「愛国貯金」とは、井上秀子、大江スミ、小崎千代子、亀井久子、塚本はま、吉岡弥生、三宅しづ子、本野久子、渓内徳子、甫守ふみ、水野万寿子、渡辺百合子、木内キヤウ、守屋東、岸澄子といった穏健な社会運動家を含む、当時の著名な女性たちによって創始されたものだった。彼女たちは、内務省社会局の勤倹奨励婦人団体委員会のメンバーでもあった。この時期、女性が家内領域を担うことを利用し、直接的に国家の政策立案に関与していくようになっていたのである(29)。

一九二七年二月十日に内務省で開催された右の常任委員会で話し合った結果、「勤倹の趣旨に基き、一人一日一銭以上を六ケ年据置郵便規約貯金をして貯蓄し、外国債償還に資する目的」で「愛国貯金」を始めることに決した。そして「各地の女学校、婦人団体等」を加盟団体とし、本部は内務省社会局内に置くとしたうえで、「貯金通帳は普通のものと区別して『愛国貯金通帳』とし、上部に日の丸のマークを入れたものを作製する」といったことを取り決めた。こうして「愛国貯金」のための「総て準備は成り、近く全国的に実行される事になった」という（『時事新報』一九二七年二月十二日付）。

しかし、この時期、「愛国貯金」には批判の声も少なくなかった。一九二七年十月三十日付、三十一日付の『東京朝日新聞』の「婦人室」欄では「愛国貯金」が「奨励を超えて強制的に、見方によつては高圧的にも婦人に臨んでゐるやうに思はれ、事実婦人会員の反感を買つた」というような投書が紹介されている。十一月十日付の同紙も「反対だらけの愛国貯金」と題して、先日の投書を読んで「愛国貯金につき私と同じ考へ方が多いのを知り力強く感じました……私たちの無智なのを利用して、お金持の手先となりお金持の重荷を軽くしてやる貯金を強制するなんて」という投書や、「私も愛国貯金には困つてゐるのです……国債償還のためなら、まづ政府が節約し国民の負担を軽くすべきだ、積極政策だ公債募集などいひながら親のすねをかぢる生徒に一日一銭の貯金を強要するなんて」といって親に叱られているという生徒の投書を掲載している。

ところが、愛知県にとって「愛国貯金」は特別な意味をもつものだった。というのは、『愛知県公報』によれば、もともと愛知県下に在住する一人の女性の「奇特な」行ないがその発端だったとされるからである。その女性は、夫から日本の外債の状況を聞いて国家の前途が心配になったため、自ら家計を節約して一家四人分三二円を貯めて在郷軍人会に送金し外債購入費に充てるよう依頼したとされる。「此ノ賤カ伏屋ノ貧シキ一婦人ノ健気ナル愛国的行動ハ端ナク新聞紙ノ報スル所トナリ各方面ニ多大ノ感激ヲ与ヘ遂ニ婦人団体委員ヲ動カシテ前記愛国貯金運動ヲ起スコトトナリ、以テ全国民一日一銭以上ヲ六ヶ年間据置郵便貯金又ハ据置郵便規約貯金トナシ以テ国力ノ充実ヲ図リ外債償還ニ資セントスルモノ」だという(30)。

『愛知県公報』は、このように各自の節約によって生じた一日一銭以上の金銭を「自己ノ貯蓄トスルト同時ニ国家ノ用ニ供セムコトヲ意識シテ貯蓄スルモノナルカ故ニ時局救匡ノ対策トシテ又愛国ノ行為トシテ最モ推賞ニ値」するものだとして「愛国貯金」を推奨した(31)。「自己ノ貯蓄」と「国家ノ用」が併置されている点が注目される。勤倹奨励愛知地方委員会は、「愛国貯金」を実施するために、社会課内の勤倹奨励婦人団体聯合会常任委員会内に愛国貯金会愛知県支会を設置し、さらに各地方に「愛国貯金〇〇分会」を設けて趣旨の普及徹底を図るよう求めた(32)。一九二七年十一月四日には愛知県学務部長も市町村長および小学校長宛に「愛国貯金ニ関スル件」を出し、趣旨徹底を図るよう指示した(33)。

年が明けて一九二八年三月十一日に始まった第九回勤倹奨励強調週間に際しても愛知県学務部長は市町村長に対して前年と同様に「愛国貯金ノ趣旨ノ普及徹底ニ努メ一層之ガ加入ヲ勧奨スルコト、此際特ニ学校及男女青少年団等ニ対シ周知方ヲ図ルコト」として具体的に「来ル四月尋常小学校ニ入学スベキ児童ニ対シテハ出来得ル限リ愛国貯金ニ加入スル様努力セラレタキコト」などを求めた(34)。小学校の新入生をターゲットにして「愛国貯金」の加入を奨励することにしたのである。

さらに一九二八年十月十九日にも、愛知県学務部長は市町村長および各学校長に対して「学校児童生徒並ニ一般人ニ対シ御大典記念トシテ愛国貯金加入勧奨ノ件」を出した。そのために、ポスターや小冊子のほか、「主トシテ小学児童ノ使用ニ供スル分」として「貯金状袋」を配布した(35)。こうして愛知県では学校を通じて「愛国貯金」の普及が目指された。そして、この「愛国貯金」は、総力戦体制下ではさらに各地に広がっていくことになる。

第5章　総力戦体制下の学校貯金

1　国民貯蓄奨励運動の開始

国民精神総動員運動と国民貯蓄奨励運動

一九三七（昭和十二）年七月、日中全面戦争が勃発すると、近衛文麿内閣は総力戦体制の構築をめざして国民精神総動員運動（以下、「精動運動」と記す）の開始を決定した。この官製運動の目的は、当初、国民に戦争への意識を徹底することにあった。一九三八年四月には「国家総動員法」が制定される。そして一九四〇年には新体制運動が始まり、大政翼賛会の結成へとつながっていく。こうして翼賛体制が成立し、戦争遂行のために国民が動員されていくことになった。

しかし、精動運動の目的は精神的な動員だけだったわけではない。須崎愼一は、後述する貯蓄組合の組織率などのデータを提示しながら、精動運動から翼賛体制に至る国民統合路線が日露戦争後の地方改良運動など、従来の官製運動とは格段に性格が異なるものだったと主張している。それによれば、精動運動の開始以降、国家総力戦、とりわけ「経済戦」への国民の総動員が主要な目的となっていったという。しかもそれは、国民のあらゆる自主的組織を解体し、その自発性を利用しての全面的な組織化と国民一人ひとりに対する「国策」の強制性を実態上の特徴としていたとみることができると論じている(1)。

一九三八年四月十九日、近衛内閣は、「国民貯蓄奨励ニ関スル件」の閣議申合を決定し、精動運動の一環として国民貯蓄奨励運動を開始することになった。この運動の目的は、今後発行される巨額の国債の消化、生産力拡充のための資金供給、資金の国内撒布によるインフレーションの抑制にあった。運動の大綱は、内閣が任命した国民貯蓄奨励委員会で決定され、大蔵省に設けられた国民貯蓄推進局によって進められていくことになった(2)。

運動推進の最前線には貯蓄組合が位置づけられた。貯蓄組合は、規約貯金などを利用して共同で貯蓄を推進する組織である。そこでは集団による強制力が構成員に働くことが期待されていた。貯蓄組合は、第4章でふれたように以前から会社や学校、青年団などさまざまな団体単位で組織されてきたが、一九四一年三月に「国民貯蓄組合法」が制定されたことによって法的根拠と保護が与えられることになった(3)。

国民貯蓄奨励運動を下支えするため、郵便貯金制度にもさまざまな改革がなされていく。一九三八年六月に集金貯金制度、一九四一年一月には集団貯金制度、同年十月には定額郵便貯金制度、十二月には積立貯金制度という具合に新しい制度が次々と作られていった。さらに一九二〇（大正九）年十月以来、二〇〇〇円だった郵便貯金の最高限度額は、貯蓄運動を強力に推進するためもあって、一九四一年に三〇〇〇円に引き上げられ、その翌年には五〇〇〇円となった。さらに郵便貯金に割増金を付すことで人びとの射幸心を利用して貯蓄を促す「郵便貯金切手」（いわゆる「弾丸切手」）の制度も創設された(4)。

一九三八年度からは毎年「国民貯蓄増加目標額」という数値目標が定められるようになった。それを以下に示しておこう。

一九三八年度　八〇億円
一九三九年度　一〇〇億円
一九四〇年度　一二〇億円
一九四一年度　一七〇億円（当初は一三五億円）
一九四二年度　二三〇億円
一九四三年度　二七〇億円
一九四四年度　四一〇億円（当初は三六〇億円）
一九四五年度　六〇〇億円(5)

一見してわかるように、目標額はどんどんと引き上げられていったのである。

教育・家庭への「配慮」

こうした国民精神総動員運動の開始以降、官製の国民貯蓄奨励運動が強力に展開されていくなか、学校に対してはどのような働きかけがなされていったのだろうか。ここでは愛知県を事例に取り上げてその特徴を押さえておこう。

閣議における「国民貯蓄奨励ニ関スル件」の申し合せを受けて、一九三八（昭和十三）年五月三十一日、愛知県は総務部長と学務部長の連名で「国民貯蓄奨励ニ関スル件依命通牒」を市町村長と各学校長に発した。同通牒には官民合同で「徹底的貯蓄奨励」を行ない「貯蓄報国ノ念」を喚起することで銃後の国民の責務を果たすことを趣旨とすることが示された。また貯蓄組合の設置を奨励し、次官会議で決定された六月二十一日から二十七日までの「国民精神総動員貯蓄報国強調週間」の実施などを県民に通知した(6)。

初めての貯蓄報国強調週間が終了した翌六月二十八日には、愛知県学務部長が各学校長に対して「国民貯蓄奨励ニ関スル件通牒」を発した。通牒は「学校職員」に対して貯蓄の奨励につとめるとともに「生徒児童ノ教養ニ当リテハ国民貯蓄ヲ必要トスル我国現下ノ情勢ヲ理解セシムルコトニ留意スルコト」を求めた。その際、生徒児童やその保護者への働きかけにあたって次の点に留意するよう指示がなされた。

イ　生徒児童ノ貯蓄ノ実践ニツキテハ無理ナキ様注意スルコト
ロ　父兄ノ教育費負担ヲ可成軽減スル様充分ノ配意ヲナスコト
ハ　生徒児童ノ学用品、実習材料費、小使銭其ノ他ニ就テモ教育ニ支障ナキ限リ節約ヲナサシムル様指導ヲ加フルコト(7)

ここでは、貯蓄が必要となっている現時の国情を子どもたちに理解させることが求められたのであるが、同時に「無理ナキ様」「可成軽減」「教育ニ支障ナキ限リ」など、教育的な、あるいは家庭に対する一定の「配慮」が示されていることが注目される。

貯蓄奨励の観念化

一九三九（昭和十四）年度には、先に示したように貯蓄増加目標額が一〇〇億円に引き上げられた。これを受けて愛知県は、六月九日、学務部長と総務部長の連名で「百億貯蓄強調週間ニ関スル件依命通牒」を出し「百億貯蓄強調週間愛知県実施要綱」を発表した。それによると、六月十五日から二十一日までの「百億貯蓄強調週間」に「一億一心百億貯蓄」の趣旨を徹底することとされた。具体的な実施事項として「貯蓄組合未加入者ノ絶滅」を期すことなどが定められた。

その一方で「学校ニ於テハ児童生徒ニ対シ国民貯蓄ニ関スル習字、作文ヲ為サシメ児童生徒並ニ家庭ニ対スル貯蓄報国観念ノ普及ニ資スルコト」を求めた(8)。学校には習字や作文をとおして「貯蓄報国」

観念を子どもと家庭への普及に用いるように指示がなされていた。貯蓄にかかわる習字や作文を書くことが「貯蓄報国」観念の普及につながるという発想。これは、貯蓄額の直接的な増加策とは一線を画するものといわざるをえない。当局側の手詰まり感がここに表れている。

しかし、こうした貯蓄奨励の観念化とでも呼ぶべき状況は、学校への指示にこれ以後も繰り返し見出すことができる。たとえば、一九三九年十月二十四日には、愛知県国民精神総動員事務局長と愛知県学務部長の連名で小学校長に「貯蓄奨励ニ関スル標語募集ノ件通牒」が出され、標語の募集がなされている(9)。また一九四〇年六月十一日には、愛知県国民精神総動員事務局長、県総務部長、学務部長などから「百二十億貯蓄強調週間実施ニ関スル件通牒」が出され、市町村において実施すべき事項の一つとしてやはり「小学児童ニ対シ貯蓄報国思想ノ涵養ヲ図ル為、綴方、書方等ノ競技会ヲ行フコト」が指示された(10)。

一九四二年十二月十五日には、愛知県内務部長は各市町村長および各国民学校長に「二百三十億貯蓄完遂特別運動実施ニ際シ国民学校児童ノ協力方ノ件通牒」を発した。そこでは十二月五日から二〇日間、「二百三十億貯蓄完遂特別運動」を実施するとして次のような要領を示した。

一　適当ノ意匠ヲ凝シタル児童生徒ノ工作科成績品ヲ本運動期間中全校児童ヲシテ左胸間ニ佩用セシメ一般国民ノ時局認識並ニ貯蓄増強ノ推進ニ資セラレ度

二　其ノ他児童ノ二百三十億貯蓄完遂特別運動ヲ表現セル習字、工作、図画、綴方等成績品ノ作成

並ニ展示等ニヨリ貯蓄増強ノ推進ニ資セラレ度(11)

子どもたちの習字や工作、図画、綴方の製作やその展示によって国民への時局認識と貯蓄増強の徹底を図るように指示されたのである。

一九四三年六月十日には、愛知県内政部長等から「二百七十億貯蓄総進軍特別運動実施ニ関スル件通牒」が出され、政府において六月十五日から七月十四日まで同運動を展開することになったことが伝えられた。そして、愛知県と大政翼賛会愛知県支部の連名で「二百七十億貯蓄総進軍特別運動実施要綱」が出され、「国民学校児童ヲ通ジテ貯蓄思想ノ涵養ニ努ムルコト」などが示された(12)。

さらに六月十二日には、愛知県内政部長から「国民学校児童ヲ通ジテ貯蓄思想普及徹底ニ関スル件通牒」が出され、県の目標額である一四億円のために「国民学校児童ヲ通ジテノ貯蓄思想普及要領」が示された。そこでは「国民学校児童ヲシテ戦争ト貯蓄ノ関係ヲ周知セシメ其ノ家庭ニ対シ児童ノ作品ヲ通ジテ貯蓄ノ重要性ヲ再認識セシメ以テ本県目標額十四億攻略ニ資セントス」との趣旨が掲げられた。そのための具体的な実施方法として指定された「習字、図画、工作、綴方」を子どもたちに課し、また貯蓄思想普及に関する訓話を校長がすることを求めた。習字では初等科一二年生が「せんさうちよちく」、三、四年生が「戦争貯蓄」、五、六年生が「貯蓄は銃後奉公の途」、高等科一、二年生は「銃後戦線貯蓄完勝」を書くように指定された(13)。

右のように、貯蓄奨励運動の地方への展開において学校レベルで求められた具体的な貯蓄奨励策には、貯蓄額の増加には直接つながらない、教育や家庭への「配慮」や貯蓄奨励の観念化といった特徴が見出される。一見すると〈金融経済の論理〉が抜け落ちてしまったかのようにみえるかもしれない。しかし、これは、むしろ反対に、学校のような一人ひとりに対して強制力の働く場においては貯金の実施、つまり〈金融経済の論理〉がすでに隙間のないほどに徹底され、ほとんどすべての子どもたちが貯金をしていたことを示唆している。

この時期、子どもの貯金にかんする全国的なデータは見当たらないのだが、愛知県小学校長会は、一九三九年六月現在の小学校児童の預金状況を調査している。それによると、この時点で四八万一〇九〇人の児童のうち三八万〇七三九人、すなわち七九パーセントが貯金をしていた(14)。第3章で述べたように、すでに一九二五年の時点では全国の小学校で全体の約五割に当たる児童が郵便貯金をしていた。このことを踏まえると、愛知県の状況は特殊な例ではないとみられる。貯金は子どもたちにも全面化していたと考えられるのである。

2　切手貯金の再開

「二宮金次郎切手」の登場

国民貯蓄奨励運動の一環として一九四一（昭和十六）年二月、「郵便貯金法」が改正された。前章で述べたように法改正の際には切手貯金を正式に廃止することになっていた。ところが今度もそれは廃止されなかった。それどころか反対に、この改正を機に切手貯金は再開されることになったのである。かたくななまでに再開を拒んできた逓信省がここにきてなぜ方針を覆したのだろうか。結論的にいえば、これは、〈教育の論理〉によるものでなく、小額の金銭までも徹底的に吸い上げるため〈金融経済の論理〉に基づく合理的な判断がなされた結果だった。

今回の「郵便貯金法」中改正は、一人当たりの預入最高限度額をそれまでの二〇〇〇円から三〇〇〇円に改め、併せて一度の最低預入金額を一〇銭から五〇銭に引き上げるものだった。これは、郵便貯金がカバーする金額の範囲を上方にシフトするための措置だった。一九四一年一月三十一日提出の閣議請議書に付された「郵便貯金法中改正ニ関スル説明書」によれば、この改正は、基本的には国民所得の増加に対応することを意図していた。最低預入金額の底上げは、五〇銭未満の小口預入が総口数の三〇パーセントを超えているのに対して、その金額は総預入金額の〇・五七パーセントに過ぎず、一口当たりの取り扱いにかかるコストは預入金額とは関係がほとんどないため、結局〇・五七パーセントの金額を獲得するために全体の三分の一の経費を要していることが合理性を欠いていると判断されたことによる(15)。

逓信省内部では「郵便貯金法」中改正案の策定作業と併行して、切手貯金の扱いについても検討がなされた。一九四一年一月に貯金局内で切手貯金の再開を検討した結果をまとめ、大臣決裁を受けるべく参考資料を付して回覧された書類には次のようにある。

郵便切手貯金取扱再開ニ関スル件

今般郵便貯金法ニ改正ヲ加ヘ郵便貯金ノ一度ノ預入金額ヲ十銭ヨリ五十銭ニ引上グルコトトナリタル処、現在五十銭未満ノ小額預入者ノ内訳ヲ観ルニ町内会等ノ組合貯金約四〇％ニシテ首位ヲ占メ、学童貯金約三〇％之ニ亜グ実状ナルガ町内会等ノ組合貯金ニ対シテハ先般来預入額増加方ヲ慫慂シ着々其ノ実効ヲ挙ゲツツアルヲ以テ制限額引上ヲ機トシ其ノ大部分ハ五十銭以上ニ増額セラルルモノト認メラルルモ、学童貯金等ハ現在十銭又ハ二十銭程度ノ小額預入多ク遽カニ之ヲ五十銭ニ増額スルハ困難ト認メラルルニ付之等学童等ノ小額預入ヲ吸収スル為大正十二年大震災以後取扱ヲ停止シ居レル郵便切手貯金ノ取扱ヲ概ネ左記要綱ニ依リ再開スルコトト致度

仰高裁

郵便切手貯金制度要綱

一　貯金用郵便切手ハ十銭一種トス

二　郵便切手貯金一口ノ預入額ヲ五十銭トシ切手台紙ニ十銭切手五枚貼附ヲ以テ預入額ニ達スルモノトス

三　一人一ケ月ノ預入程度ハ一円トス

四　一般郵便切手ヲ使用スル関係上三等局ニ対スル売捌割引歩合ヲ附随スルモノトス

五　貯金局ニ於テハ切手預入金ニ対スル代リ金ヲ通信事業特別会計ヨリ受入ノ手続ヲ為ス(16)

これによれば、切手貯金制度の再開が「郵便貯金法」中改正による最低預入金額の引き上げに対処できない「学童等ノ小額預入ヲ吸収スル為」だったことがわかる。資金の効率的な吸収のために合理化が図られた「郵便貯金法」を下支えするための措置だったのである。

こうした趣旨を反映して一九四一年六月十一日に「郵便貯金規則」中改正がなされた。改正された関係条文を示せば次のとおりである。

第四十七条　郵便貯金ニ預入スルコトヲ得ル郵便切手ノ種類ハ十銭郵便切手トス
第四十八条　郵便切手ニ依リ貯金ノ預入ヲ為サムトスル者ハ郵便切手貯金台紙ニ必要事項ヲ記載シ其ノ相当欄全部ニ所定ノ郵便切手ヲ貼附シタル上之ヲ郵便局ニ差出シ通帳ニ其ノ記入ヲ受クヘシ
第四十九条　郵便切手貯金台紙ハ之ヲ私製スルコトヲ得、但シ郵便切手印面ヲ印刷スルコトヲ得ス
郵便切手貯金台紙ヲ私製セムトスル者ハ見本ヲ郵便局ニ差出シ其ノ認可ヲ受クヘシ
私製ノ郵便切手貯金台紙ニハ其ノ看易キ箇所ニ「何年何局認可」ト表示スヘシ

従前の規定で一銭、二銭、三銭の切手の使用を認めていたのが、一〇銭切手一種に限定されたのが大きな変更点であった。

同日、新しい台紙（図14）も告示された。そこには、薪を背負って本を読む、校庭の銅像などで知ら

図14　第6次郵便切手貯金台紙

れる二宮金次郎が描かれた一〇銭切手が台紙の最上部に一枚刷り込まれ、その下に四枚分の切手貼付欄が設けられた（第六次台紙）。一〇銭で購入し、四枚の切手を貼り付けると五〇銭という最低預入金額に達するという極シンプルな作りになっていた。二宮金次郎が切手のデザインに用いられたのは、一〇銭切手の従来のデザインは日光東照宮だったので貯蓄奨励の意義が少ないとの意見が出されたためだった(17)。台紙の大きさも従来の三分の一程度の小さなものとなり（縦一二八ミリ×横六一ミリ）、各切手貼付欄には、「一忠　二孝　三貯金」「小さな貯へ大きな力」「貯金で身が伸び国が伸び」「克く緊め克く貯め克く学べ」という標語が印字されていた。この台紙は、小学生が手にするような極小額の金銭までをも吸収するために徹底的に合理化されたものだった。

再開後の困難

こうしてじつに一八年ぶりに切手貯金が正式に再開されることになった。だが、決して順調にことが運んだわけではなかった。「郵便貯金規則」中改正に先立つ一九四一（昭和十六）年五月二十三日、各逓信局長に宛てて貯金局が出した「郵便貯金法中改正法律施行及郵便切手貯金ノ取扱再開等ニ関スル件」には次のようにある。

郵便切手貯金台紙ハ私製ノモノヲ除キ之ニ拾銭切手一枚分ヲ印刷シ郵便局及郵便切手売捌所ニ於テ之ヲ印面額ヲ以テ売捌クモノナル処、右台紙ハ施行期日迄ニ全部ノ郵便局及売捌所ニ対シ配給スルハ困難ニ付別ニ切手ノ印刷ナキ台紙ヲ調製(当局ニ於テ調達方取運中トス)ノ上、郵便局ニ配付シ当分ノ内之ヲ併用スルコト(18)

要するに、切手印面を印刷した台紙を期日までにすべての郵便局等に配給することは困難であるため、切手が印刷されていない台紙を配布するので当分のあいだ併用するよう指示したのである。

切手貯金の再開が直面した問題は、これだけではなかった。使用できる切手を一〇銭に限定したことを批判する投書が七月八日付の『都新聞』に掲載された。それは、「切手貯金の妙味は有合せの参銭四銭切手を一寸貼つてゆくといつた手軽なところにもあるわけで、こんどのやうな制限規定では、煩瑣で予期以上の成績は挙げられぬと思ふ」というものだった。

これを受けて貯金局は、切手貯金の再開にあたって「出来るだけ郵便官署に於ける手数を簡略ならしむること及び従来の制限額が十銭以上であつたこと並に切手用紙及び之が調製能力等の関係を彼此考究した結果」であるとする反論を七月十日付の同紙に掲載した。だが、これは、当局の都合を一方的に並べ立てたものに過ぎなかった。このため、『都新聞』の記者は「事務的な制約は致し方ないとして、さきの投書家の趣旨が『切手貯金の妙味は有り合せの四銭、二銭の切手で可能な点』にあることを読み、今後の努力を致されんことを望み度い」と、たしなめるようなコメントを付記している。

さらに厳しい批判を投げつけたのが『京都日日新聞』だった。台紙に印刷された「一忠 二孝 三貯金」という標語を槍玉に挙げたのである（『京都日日新聞』一九四一年六月十二日付）。記事は、標語が「忠と孝とを恰かも別物の如くに取扱つてゐるのは軽率といふか不用意といふか不可解千万で悪く解釈すればこの制度の当事者は挙つて国体の尊厳に対する認識を欠いてゐたものとも見られ、仮令さうではないにしろ忠と孝とが恰かも別物で、もあるかの如き錯誤を生ぜしむる虞れのある標語を使用するのは軽率極まる次第ではないか」と非難する。そのうえで、「兎に角余り感心した標語ではありませんね」という京都帝国大学名誉教授高瀬武次郎や、「忠と孝とが対立的なもののやうに取れないでもない、又忠と孝が前後軽重があるものの如くにもとれる」として「洵に遺憾」とする石井白峯神宮宮司、「こんなのを初めて見ました、これでは根本から意味が違つてゐます」という伊東崇仁校長の談話を併せて掲載した。

記事は、「忠孝一本」の観点から、標語が国体観念に反するものと批判しているわけである。これに対して逓信省側からの反論はとくになされなかったとみられる。標語も変更されることはなかった。そして郵便切手貯金制度は、戦争が激化するなかでわずか二年後の一九四三年七月三日に出された逓信省令第九四号により七月十日をもって「当分ノ内之ガ取扱ヲ停止」することになり、二宮金次郎切手も七月九日限りで廃止されることになった。再停止の理由は定かではないが戦局の悪化にともなう用紙不足によるものではないかと思われる。

3　学校での貯金実践と子どもたち

「配慮」の消失

学校の現場に目を移してみよう。国民貯蓄奨励運動のなかで展開された地方当局による学校への指示には、教育的「配慮」や貯蓄奨励の観念化といった特徴がみられたが、それはすでに貯金が子どもたちに全面化していたことの裏返しだったとみられることは前述した。だが、貯金の子どもたちへの全面化で終わりというわけではない。面的な広がりが極限にまで達すると、次にはそれを深化していくためのさらなる強制が加えられていくのである。

一九三八（昭和十三）年六月二十五日付の『教育週報』は、「わが校の貯金実際案」と題した記事のなかで東京府の小学校の取り組みを紹介した。それによると錦華小学校では「児童は大正十三年から毎日一銭宛参宮貯金をし、尋六になつて修学旅行のときに使ふことにしてゐる」(19)という。「参宮貯金」とは伊勢神宮への参拝を目的とした修学旅行の費用に充てるためになされた積立貯金のことである。このことは、国民貯蓄奨励運動の開始直後の時点ではまだ自分のために使うことを前提とした貯金がなされていたことを示している。個人のための貯金という性格は、ぎりぎりのところでまだ残っていたのである。

だが、こうした性格は国民貯蓄奨励運動のなかですぐに失われていく。一九二八年に広島県に生まれ、戦後長く高校教師を務めた渡辺増富は、一九三七年「当時、学校を通して毎月三十銭ぐらいずつ郵便貯金をさせられていた。これは私が三年生の時から『参宮貯金』という名で始まっていたので、伊勢神宮への修学旅行積立てであった。四年生になった昭和十三年には国家総動員法が公布され、それ以後は楽しみにした修学旅行も中止された。それでも学校貯金だけが続いていたのは、倹約・貯蓄の精神を養うという名目だったのであろう」と回想し、貯金はいつのまにか軍資に献金されたのではないかと推測している(20)。

災害への見舞金が貯金に化けてしまうこともあった。東京府城東区亀戸町の竪川尋常小学校では、一九三八年におきた水害で罹災した児童に贈られた見舞金をもとに全校児童で貯金を開始し、この三月末までの半年間で一万円を突破したとの報道がある(『東京朝日新聞』一九三九年五月十四日付)。

一九三八年八月十三日付の『教育週報』には「一小学校で貯金一万円」という見出しの記事が掲載されている。そこには次のようにある。

東京日本橋区千代田尋常小学校では昨年十月から始めた職員及び児童千百八十名の愛国貯金が、七月までに一万二千円に達し各方面から注目されてゐる。現在同校で貯金している児童は学校児童の約九十パーセントで、毎月学年毎に貯金日を定め、尋三から尋六までは児童各自に郵便局に持参させ、尋常一、二年は受持教師が集めて貯金することになつてをり、何れも金額は定めず、また通帳は学校に預かることにしてある。右につき武見校長は語る。「従来から貯金は奨励してゐたが、競争的になつたりしては困るので学校では扱はなかつた。ところ〔が〕時局が進展すると共に、貯金は児童自らの勤労によつて得たものでなくても、それ自体に非常な意味を持つことになつて来たので、父兄と相談の上で愛国貯金を学校全体として始めたわけである」(21)。

学校貯金にともなう弊害を防止するため、子ども自身が労働して得た金銭を貯金することが推奨されていたことはこれまでも紹介した。それが、国民貯蓄奨励運動においては、もはやそうした家庭・教育への「配慮」よりも、貯金を集めること自体が重大な意味を持つようになったのだと、教育者である校長の口から臆面もなく語られるようになったのである。

数値目標の設定

金額が重視されるようになったことから、国の定めた貯蓄増加目標額に対応して道・府県ごとに目標額が割り当てられた(22)。そのうえ注目されることに、学校ごとや地域内の学校全体の目標金額が設定されるようになっていく。一九四〇（昭和十五）年九月十七日付の『朝日新聞』は、「東京市では小学校児童貯蓄を百万八千二百三十円と定めて奨励して来たが更に児童貯蓄組合の普及を図ることになつた」と伝えている。東京府では目標金額に向けて「児童貯蓄組合」の普及を進めることになったことがうかがえる。

実際、東京都の誠之国民学校では一九四一年末から翌年にかけての時期に「誠之児童国民貯蓄組合」が発足した。一九四二年九月末現在の「国民貯蓄組合現況報告書」によれば、同校の「本年度貯蓄増加目標」一万円に対して本年度の「貯蓄増加高」が五一一九円になっており、その結果「貯蓄増加目標額」に対する不足額は四八八一円となっていた。半年を残してすでに目標金額の半ばを超えていたことがわかる(23)。

同じく東京府の京橋第一国民学校でも、校長以下、教職員、児童八〇〇名が一九四二年四月から「一万円貯金」を決意し、毎月八日の「大詔奉戴日」を貯金日として全校一致して貯金に努めた。その結果、同校は、この三月の貯金日をもって一万円を突破して、校内だけで一万〇四〇〇円となり、家庭では一万三〇〇〇円の国債購入があったという(『読売新聞』一九四三年三月二十四日付)。

一九四四年八月には東京都(一九四三年七月より都制実施)本郷区長が各国民学校長に宛てて「国民学校児童ヲ対象トスル国民貯蓄組合ノ貯蓄増強ニ関スル件」を発した。それによれば、「本年度本都国民貯蓄増加目標額完全達成」を期すため、「貯蓄標準額一人当一ヵ月平均最低一円」に満たないものは早急に標準額以上に引き上げること、児童全員を貯蓄組合に加入させ「未加入者ノ絶無ヲ期スルコト」、児童の勤労動員に対して支払われる報償金は「最高度之ヲ貯蓄化セシムルコト」、疎開した児童についても「例月貯蓄ハ其ノ父兄等ヲ以テ引続キ実施セシムルコト」などが指示されていた(24)。数値目標達成のために手段を選ばぬ貯蓄増加策が展開されたことがうかがえる。

数値目標の設定は東京だけのことではなかった。一九四二年三月二十六日付の『奈良日日新聞』によれば、政府が一九四二年度の国民貯蓄増加目標を二三〇億円に決定したのを受けて、奈良県では一億一五〇〇万円を県としての目標額に決定した。そこで三月二十五日に県公会堂で県国民貯蓄奨励委員会を開催し、同年度の市町村ごとの増加目標額割当と増強方策を審議・決定した。これを受けて、奈良市の学務課は四月からの新入生の保護者に「時局柄不用品はなるだけ買はないやうに」として「一切の無駄を廃して入学進学の記念貯蓄を行ふこと」を奨励している（『奈良日日新聞』一九四二年三月二十七日付）。

一九四三年六月二十五日付の『奈良日日新聞』では「二百七十億貯蓄達成運動が大々的に展開されて居るとき、『無理をしても貯金するが戦時下の本当の貯蓄だ』と去る〔昭和〕十四年六月開校以来ヨイコの貯金に全力を集注してゐる〔奈良〕市大宮国民学校では全二十級七百七十二名の児童を動員して年二万円を目標に毎月一の日を定時貯金日として半強制的に実施してゐるが、六月分の戦果は一日三百六十三円四十銭（一人平均五十銭）十一日三百七十五円九十銭（一人平均五十一銭）廿一日三百十八円九十銭（一人平均五十一銭）と総計一千百十八円廿銭を算へ目標額二万円は悠々突破し得るものと自信づけられてゐる」と、学校の目標金額を設定し「半強制的に」貯金を実施していると報じられた。

兵庫県の山口国民学校でも一九四三年度において「有り合わせ生活の徹底」に加えて「貯蓄の奨励」が熱心に行なわれた。そこでは「一人残らず全児童に励行を強調、毎月十日を貯金日とし、月額初等科一・二年五十銭、三・四・五・六年一円、高等科二円を目標として励行させた所、常に目標額突破の実績を収めた」という(25)。長野県松本市の筑摩国民学校でも貯蓄組合が組織され、一九四五年度には市からの「六百億貯蓄攻勢強調期間実施」方策の照会をうけて、「手持現金ハ最少必要程度所持トシ残余ハ極力組合貯金ト為スコト」として、二万一三四八円を「貯蓄目標額」とする「貯蓄計劃」を提出している(26)。

国民貯蓄奨励運動の開始以降、すでに多くの学校では貯蓄組合が結成され、児童・生徒のほとんどが貯金をしていた。貯金が全面化した学校現場では、貯蓄奨励にあたって無理がないようにといった「配慮」や、労働で得た金銭に限るという教育的「配慮」、個人の将来の使用目的などはどこかへ消し飛んでしまった。「無理をしても貯金するが戦時下の本当の貯蓄だ」ということばに象徴されるように、地域内の学校全体、学校ごと、学年ごとの数値目標が掲げられ、それの達成に向けて貯金することが目的とされるようになっていたのである。〈金融経済の論理〉がなりふり構わず優先され、〈教育の論理〉を飲み込んでしまったのである。

子どもたちにとっての貯金

強力な貯蓄奨励運動が展開されるなかで子どもたちは貯金というものについてどのように考えるようになったのだろうか。一九四〇（昭和十五）年の「皇紀二六〇〇年」記念事業として、愛国児童協会が大蔵省、文部省、東京府市の後援で児童の貯蓄奨励に関する綴方と自由詩を全国から募集したところ、一学校一学年一名ずつという制限が付されていたものの、岩手県を除く一道三府四二県、さらには南洋、台湾、朝鮮、樺太という外地からも含めて、総計で一万七六八二編の応募があった。地域の広がりと一万を超えたという応募総数に反響の大きさがうかがえる。

審査委員には、文部省普通学務局長、大蔵省国民貯蓄奨励局総務課長、国民精神総動員本部理事長を始め、東京高等師範学校長森岡常蔵、東京女子高等師範学校長下村寿一といった著名な教育学者や、作家として菊池寛、久米正雄、北原白秋、西条八十など三二名が就任し、審査にあたった。その結果、八八編を一等ないし二等に選抜し、それを収載した文集が一九四〇年十二月に愛国児童協会編『貯蓄奨励児童優秀綴方集――紀元二千六百年記念』として出版された。そのなかから、尋常科二年生の部で一等大蔵大臣賞を受賞した千葉県海上郡旭尋常高等小学校のサノウメコの綴方を紹介しよう。

チヨキン

センセイカラ　イロ〳〵　チヨキンノ　タイセツデアル　オハナシヲ　キキマシタ。マタ　コドモノヂカンノ時モ、ラジオデ「チヨキンヲシナサイ」ト　イヒマシタ。
ワタクシハ、小サイ時ハ　チツトモ　チヨキントイフコトハ　シリマセンデシタ。
コノゴロ　シナト　センサウヲ　ハジメテカラハ、ミンナガ「チヨキンヲシマセウ」ト　オハナシヲ　シテヰマス。学校デモ　七日ニハ　一センチヨキンヲシマス。
一年生ノ時ハ、チヨキンノワケガ　ワカリマセンデシタノデ、ネエサンニ　キキマシタラ、「ムダヅカヒヲシナイデ、一センデモ　ソレヲ　タメテオクノデスヨ」ト　オシヘテイタダキマシタ。
ソレカラ　チヨキンノワケガ　ワカリマシタ。

シナト　センサウヲハジメテカラ、ミンナガ　チヨキンヲシマセウ」ト　イフノハ、ワタクシタチガ　タクサンオカネヲ　ムダニツカツテシマツタラ、オクニガ　ビンバウニナツテ　センサウニマケテシマフカラダ　ト　オモヒマス。デスカラ　一センチヨキンハ、七日ニ　ワスレナイデモツテイキマス。……(27)

なぜ貯金をするのか、その意味のわからなかった小学生が学校での説明や「一銭貯金」、姉の話をとおして、個人の貯蓄のためではなく、中国との戦争に勝利するために貯金をするのだ、ということを「理解」していくさまが描かれている。

もう一人、尋常科四年生の部で同じく一等大蔵大臣賞を受賞した岡山県師範学校附属小学校の長塩秀子の綴方を紹介しておく。

百二十億貯蓄

六月二十日に学校で小さいすり物を戴きました。

「これは、明日から一週間貯蓄週間といつて、日本国中の人が貯金をせい出してする事になつて居るので、皆さんがどんなことをするか、毎日の事が書いてあります。お家へ帰つてよく読んで戴きなさい。」と先生がおつしやいました。

私は帰るとすぐ母ちやんに見て戴きました。

「百二十億貯蓄週間、まあ大へんなお金ですこと。秀子もしつかりけんやくをして、貯金しなければ、だめですよ。本当に日本の非常時ですからね……。」

とおつしやつて、学校のお仕事を読んで下さいました。

二十一日の朝礼の時、主事先生から貯蓄週間のお話をして下さつて、

「百二十億といふお金は、日本国中の人が皆毎月十円づつためて、一年もかゝるのです。」

とおつしやつたので、私はびつくりしました。私は今まで、毎月興亜奉公日に十銭づつ貯金して居ましたが、このお話をきいてから、もつとけんやくして、貯金をふやさなければいけないと思ひました。

貯金をしたお金が、支那で戦つて居られる兵隊さんの、大砲やタンクやばくだんを作るもとになつて悪い支那軍を亡ぼして、よい支那をこしらへるのだと聞いて、おやつだけでなく、お帳面も鉛筆も大切に使つて、来月からはもつと貯金をふやさうと思ひました。……(28)

この子どもは、学校をとおして、貯蓄増加額の目標に向けて貯金をし、それが兵器に使われて「悪い支那軍」を亡ぼすのだということを理解しており、そのためにいっそう貯金に励もうと決意する様子を描いている。貯金をすることで自ら戦争に協力・参加しているという実感を得ていたのだろう(29)。〈金融経済の論理〉に〈教育の論理〉が飲み込まれたなかで実施された学校貯金は、単なる軍資徴収のための手段と化していたのである。

もちろん、これらの綴方は、貯蓄奨励のための綴方の募集に応募したもので、おそらくは教師の添削もなされており、審査過程でも趣旨に合うものが選ばれたはずである(30)。とはいえ、少なくとも、ここに描き出された、貯金の国家的意義と戦争に果たす意味を理解し、それに努めようと決意する子どもの姿は、この時期の貯蓄奨励運動のなかで求められた子ども像であることは間違いない。

第6章　「子ども銀行」の時代

1　誕生と広がり

南大江小学校の挑戦

一九四五（昭和二十）年八月、日本はアジア太平洋戦争の敗戦を迎えた。人びとは、いわゆる「玉音放送」によって戦争が終わったことを知らされた。だが、安堵する間もなかった。猛烈なインフレーションと深刻な食糧難が待ち受けていたのである。戦時中の一九四四年から四九年までに卸売物価は約九〇倍、小売物価は約六〇倍になった。また、一九四五年は米の大凶作にみまわれた年でもあった。食糧の配給は滞り、一〇〇〇万人が餓死するともいわれたが、アメリカからの緊急食糧援助などによってなんとか切り抜け、一九四九年になって食糧事情はようやく安定した。とはいえ、一九四六年から五〇年までエンゲル係数はおよそ六〇パーセントという高い水準が続いていく(1)。

アメリカを中心とした連合軍による占領が始まり、徹底した非軍事化とともに社会のあらゆる分野で「民主化」をめざす改革が進められていく。一九四六年十一月に日本国憲法が公布され、教育を受けることが国民の権利として位置づけられた。翌年三月の「教育基本法」は教育の目的が一人ひとりの「人格の完成」にあると明記した。併せて公布された「学校教育法」によって、それまでの国民学校は四月一日から小学校という戦争前の呼称に戻り、その上には三年間の新制中学校が発足した。両者を合わせた九年間が義務教育となった。教育理念や学校制度の改革にともなって教育の内容と方法も変わった。後述するように、学校教育において子どもたちの自発性や経験が重視されるようになったのである。こうした戦後新教育が展開されるなかで、「子ども銀行」と呼ばれる実践が始まった。

「子ども銀行」の嚆矢として今日認知されているのが、一九四八年一月に大阪市の南大江小学校で試みられた「こども銀行」の実践である。郵便貯金の歴史に詳しい山口修は、同校の「児童は、子どもたちだけの力で貯金ごっこを始め、『こども会銀行』をつくった。みんなで相談して、窓口係、記録係、現金係などの役目をわりあて、貯金日をきめて、貯金するようになったのである」と述べている(2)。だが、「子どもたちだけの力で」始めたというのは正確ではない。そこで、まずは同校の「こども銀行」がどうして始まったのか、どのような内容だったのか、といったことについて、一九四九年二月の大阪市小学校教育研究会で発表され、同年七月刊行の大阪市教育研究所編『教育研究所報』第六号に掲載された実践報告「校外生活指導から生れ出た南大江こども銀行に就て」(3)を参照して紹介しておこう。

大阪市の中心部に位置する南大江小学校が「こども銀行」を始めるきっかけとなったのは、同校の校外指導部が一九四七年二月に実施した、遊びと小遣いにかんする調査だった。その結果、子どもたちの浪費が甚だしいことが明らかになり、そのことが「青少年不良の温床」と考えられたため、教師たちは危機感を深めた。議論の末に、教師たちは「浪費の防止」と「遊びの善導」を目的とし、ひいては政府の進める「国家再建貯蓄運動の一助」にしようと、一九四八年一月十五日から「こども銀行遊び」に取り組むことにしたのである。「こども銀行」と、あえて平仮名を用いたのは子どもたちに親しみと興味をもたせるためだった。

「こども銀行」は、協和銀行船場支店の協力を得て同支店に「本店」を置き、通学区（六か所）ごとに「支店」を設けることとした。これは校外生活指導が発端となったためで、学校には「本店」の「事務所」が置かれた。各「支店」では教師が取締役と監査役を務めるが、支店長、支店長代理、窓口係、原簿係、本店勘定係は、原則的に通学区の児童全員による選挙で互選することになっていた。個人通帳、原簿、営業日記、本店通帳、副原簿などの帳簿が用意された。営業は週二回、時間は一二時から一七時を標準とした。集まった金銭は翌日もしくは翌々日にまとめて「本店」に預け、「本店」から受け取る利子は貯金した児童一人ひとりに「こども銀行」が計算して分配することになっていた。

南大江小学校の「こども銀行」は、このように子どもたちの校外生活の予想以上の「乱れ」に危機感を深めた教師たちによって始められた校外生活指導の一環だった。そこでは、子どもたち自身が「銀行員」となって自分たちの現金を扱い、帳簿上の処理を行なったうえでまとめて親金融機関に預け、引き出しの手続きや利子配分の計算までも担当することになっていた。

　こうした貯金事務における子どもたちの役割分担は、「子ども銀行」一般に見出すことができる。戦前の学校貯金では、子どもが現金を扱うことへの忌避感もあって基本的に校長や教師あるいは金融機関の職員など大人が現金を管理した。これに対して「子ども銀行」では子どもたちが貯金事務に携わった（図15）。戦後新教育における自発性や経験を重視する観点から、そこに民主主義や職業の訓練、生活指導などの教育的意義を見出すという点に「子ども銀行」のもっとも大きな特徴があった。

図15　「子ども銀行」（愛知県渥美郡老津小学校こども協同組合、1953年）の様子

（出典：「国民貯蓄（表彰関係）」愛知県公文書館蔵）

　戦前以来の学校貯金と「子ども銀行」との違いは、「子ども銀行」にかかわっていた人びとにとっても共通理解となっていた。たとえば、一九六一年九月に開催された「学校教育と『こども銀行』との結びつきを語る」座談会において、文部省初等中等教育局初等教育課の教科調査官青木孝頼が「例えば親銀行から行員がきて、貯金の仕事を一切やったとしたら、それは『こども銀行』とはいわれないでしょう」と同意を求めると、貯蓄増強中央委員会事務局次長の土橋一郎も「それは学童貯金です」と応じている(4)。

各地への波及

南大江小学校で始まった「こども銀行」の取り組みはすぐさま注目を浴び、それをモデルとして各地で実践が試みられていく。一九四八（昭和二十三）年六月に千葉市の犢橋《こてはし》小学校で始まった「こども郵便局」もその一つだった。郵政省編『郵政百年史』はこれを「こども郵便局」の「発端」と位置づけている(5)。親金融機関が銀行から郵便局へと広がったことになる。これは、戦前の学校貯金が多く郵便局を利用していたことを考えると自然なことだろう。

『千葉教育』第五号（一九四九年一月二十五日付）のなかで、この「こども郵便局」が誕生することになった瞬間を同校の教員が生き生きと描写しているので、それをみてみよう。

去る六月七日（土）全校自治集会に於て某部落代表から次の様な問題が提案されたのです。「この頃僕達の方の部落などでもアイスキャンデーなど色々な物を売りに来ますが、これを買って食べる人が非常に多くなった様ですがアイスキャンデーなど体に良くないと思いますが止めたら良いと思います。そして、無駄使いを止め貯金をしたら良いと思います」

……

そして、この問題に対する討議が行われ

○キャンデーは食べても良いではないか……賛成

○キャンデーは体にあまり良くないから食べない方が良い……賛成
○少しなら良いと思う夏だから少しは食べたい
○少しと言うが病気になったらどうするか、一本でも少しでも病気になる事もある。

意見は対立の形となり結局先生方の意見も聞こうと言う事になり衛生係の先生の意見を聞く事になりました。衛生係の先生は「アイスキャンデーは非常に冷たく低い温度で作られてあるので黴菌はないと思いますが、今まで全国の統計のしらべによりますと食物の一寸とした不注意から死んで行く人は非常に多い様です」この様な先生方の意見や皆の意見を話し合い結局、「買食いや無駄使いは止めよう、そしてそれを貯金しよう」と言う事に大多数の賛成で決議されたのです。

そして、次にその貯金の方法について話合い

○自分で貯金箱を作り貯金をして置く
○家の人に預けて置く
○郵便局に貯金する

その他色々の意見が出、どうするか皆頭をひねって居たその時某児童（優性児特に常識発達し新聞は興味を持って良く見る六年生）が「あ、そうだ、この間の新聞に大阪で小学生が自分達の手で子供銀行と言うものを始めて皆で貯金して居ると言う事が出て居るのを見た。僕達も子供銀行を作り貯金したらどうか」と言う意見が出され、しばらく子供銀行の話や質問に花を咲かせた。

私達はすぐ手配をして子供銀行記事を新聞綴りから探し子供達に大阪や各地の子供銀行の様子を

説明した。

議長は、貯金の方法としてどんな方法が良いか決を取り多数決により子供銀行を作ってそこに貯金をする事に決定した。（拍手）議長が時間の来て居る事を告げれば、「後の問題は各組から委員を作って相談してもらったらどうだろう」と言う意見が出され委員選定を約束して閉会した。

六月九日（月）各学級の代表委員集まり「貯金相談委員会」を作り銀行運営についての話合いをし先生方の指導により、支店長、代理、窓口、原簿、勘定、連絡の各係と各係の役員の選出をし今日から準備を始める事を約束し仕事の分担を決めて会を閉じる。

この様にして子供銀行発足となったのでありますⅰ(6)。


注目されるのは次の二点である。第一に、戦後新教育で重視された民主的な話し合いの手続きを学ぶ場である、児童の自治集会での討論のなかから、この「こども郵便局」が誕生することになったことである。これは犢橋小学校だけの特殊なことではなかった。そのことは、後述する通貨安定対策本部の肝いりで一九四八年三月に作られた童謡「ハィハィハィの歌（こども銀行の歌）」（サトウハチロー作詞、佐々木すぐる作曲）にもうかがうことができる。

一、子供の銀行ひらいたよ　ハイ　ハイ　ハイ
みんなでさんせい大さんせい　ハイ　ハイ　ハイ

図16　「子ども銀行」の作り方

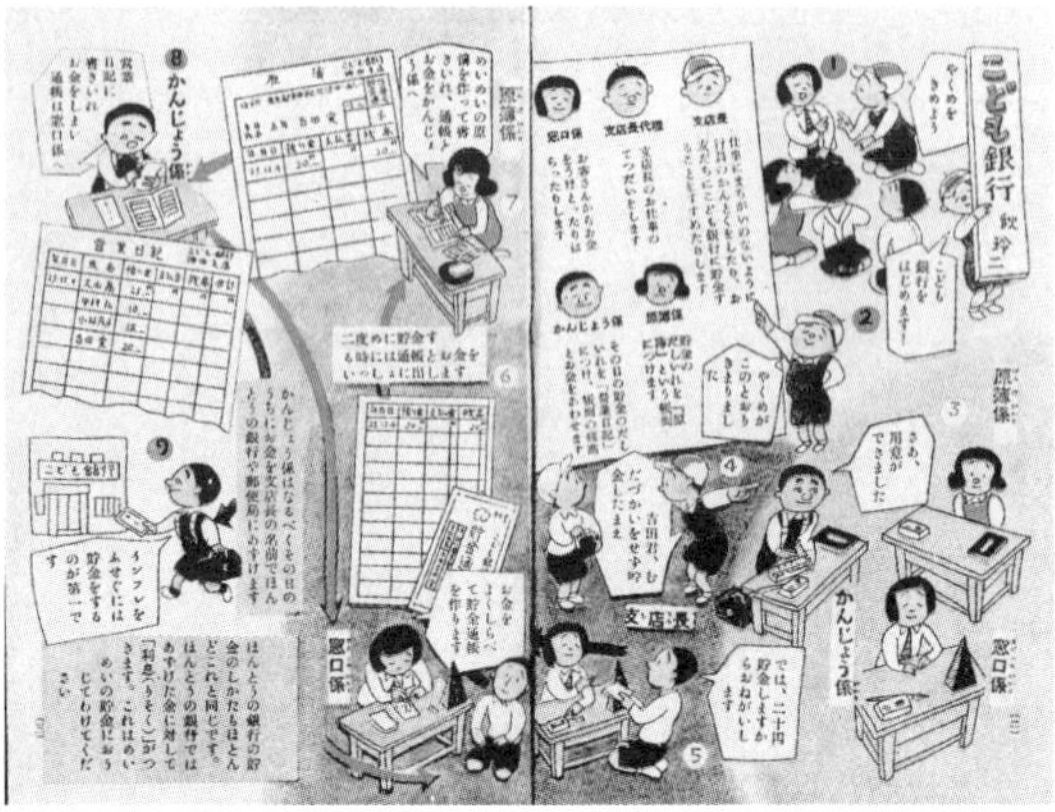

（出典：『小学五年生』1948年12月号、小学館）

ソロバンぱちぱちはんこがポン　ハイ　ハイ　ハイ
ちいさい窓口大はんじよう
ハイ　ハイ　ハイ　それから　それから　なアに？
……(7)

第二に、児童が「子ども銀行」に関する情報を新聞記事から得ていることである。当時の新聞は、「子ども銀行」について熱心に報道した。なかでも小学生を読者とした『毎日小学生新聞』は、一九四八年三月四日付の紙面に初めて南大江小学校の「こども銀行」を「メンコ、ベーゴマやめて銀行あそび」との見出しで取り上げて以来、「銀行始めたお友達」（五月二十六日付）、「こども銀行のやり方」（六月八日付、十一日付）、「方々で『こども銀行』」（六月二十九日付）、「全国に『こども銀行』」（八月十五日付）などと繰り返し報道した。その影響は千葉県ばかりでなく、全国に及んだ。実際、一九四八年に「全国模範こども銀行」第一位として表彰されることになる、大分市の荷揚町小学校が「子ども銀行」を始めた際にも『毎日小学生新聞』の記事が参照されていた(8)。『毎日小学生新聞』は、後述するように「優良こども銀行表彰」を始めるなど、初期における

「子ども銀行」の有力なプロモーターだった。

新聞の他に子ども向け雑誌の影響も見逃せない。たとえば、朝日新聞社が発行していた『こども朝日』一九四八年四月一日号、小学館の学年別雑誌の『小学五年生』一九四八年十二月号（図16）や、奈良にあった「やまと書苑」が発刊した『学友五年生』の一九四八年十二月号などにも同様に「子ども銀行」にかんする記事が掲載されている。こうした子ども向けのメディアがこども銀行の波及に一役買ったのである。

「子ども銀行」数と利用者数の推移

「子ども銀行」はこうして急速に日本各地に広がっていった。いったいどの程度の普及をみたのだろうか。表3と図17は、一九四九（昭和二十四）年から一九八三年までの「子ども銀行」の行数と利用者数の推移を示したものである。

まずデータについて説明しておきたい。「子ども銀行」に関する数値は基本的に『銀行局金融年報』に依拠した。ただしデータを得られなかった一九五〇年と一九五六年、一九五七年は、貯蓄増強中央委員会編『貯蓄運動史――貯増委三〇年のあゆみ――』（一九八三年）を用いて補った。また図17には二つの山があるが、これは一九六七年までとそれ以降とで調査方法が異なることによる。「子ども銀行」の実態調査は、基本的に毎年六月時点で日本銀行貯蓄推進部ないし貯蓄増強中央委員会（後述）が一九六七年まで全国の親金融機関を通じて実施してきたのだが、一九六八年以降は都道府県教育委員会を通じ

1977年	15,068	3,771	77,717	35,500	42.4	15,796,770	23.9
1978年	15,103	3,758	88,539	35,603	42.4	16,195,170	23.2
1979年	14,808	3,797	98,695	35,635	41.6	16,596,082	22.9
1980年	14,624	3,779	105,278	35,724	40.9	16,920,975	22.3
1981年	14,493	3,791	111,723	35,814	40.5	17,223,935	22.0
1982年	14,243	3,709	115,504	35,922	39.6	17,525,495	21.2
1983年	14,161	3,752	123,137	35,994	39.3	17,446,262	21.5

(備考)「子ども銀行」の実態調査は日本銀行貯蓄推進部ないし貯蓄増強中央委員会が1967年までは全国の親金融機関を通じて行なってきたが、1968年以降は都道府県教育委員会を通じた学校への直接のアンケートによっている(本文参照)。また1984年および1985年、1987年以降は調査されていない。
(出典：行数、利用者数、預金高は、1950年、1956年、1957年については貯蓄増強中央委員会編『貯蓄運動史――貯増委30年の歩み――』1983年、162ページによるが、それ以外の年については大蔵省銀行局編『銀行局金融年報』による。小・中学校数および小・中学生数は文部省編『学校基本調査』による。)

図17 「子ども銀行」の設置率と利用者率

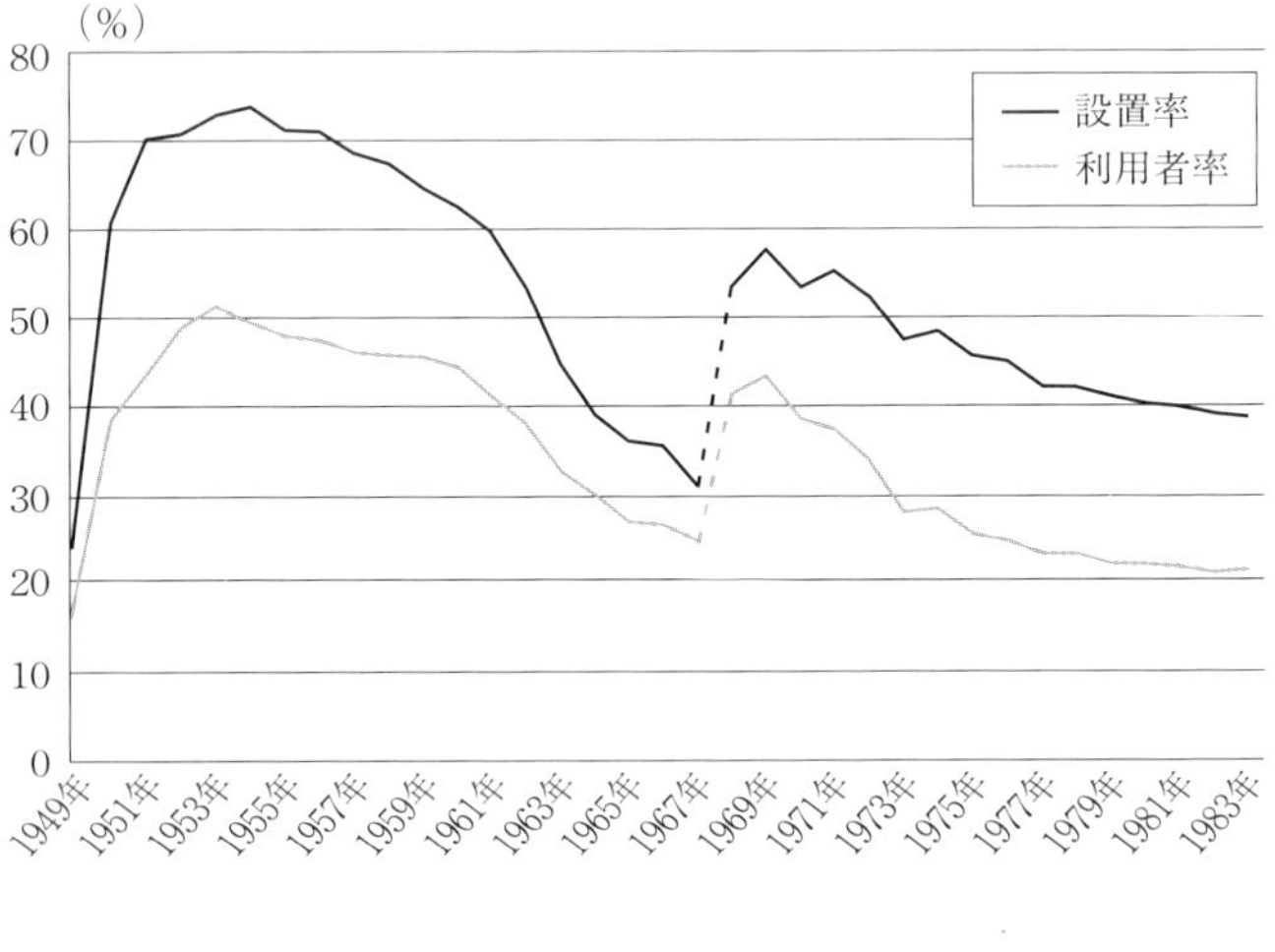

表3 「子ども銀行」の行数と利用者数

	行数 A	利用者 B (千人)	預金高 (百万円)	小・中学校数 C	設置率 A/C ×100	小・中学生数 D	利用者率 B/D ×100
1949年	9,709	2,678	336	39,838	24.4	16,178,115	16.6
1950年	24,555	6,445	1,711	40,043	61.3	16,523,916	39.0
1951年	27,993	7,267	2,650	39,892	70.2	16,552,474	43.9
1952年	28,663	8,008	4,001	40,125	71.4	16,224,820	49.4
1953年	29,430	8,373	5,720	40,240	73.1	16,412,847	51.0
1954年	30,039	8,609	7,626	40,577	74.0	17,414,991	49.4
1955年	29,206	8,762	9,491	40,647	71.9	18,150,644	48.3
1956年	29,105	8,826	11,275	40,681	71.5	18,578,760	47.5
1957年	27,599	8,668	13,291	40,610	68.0	18,674,467	46.4
1958年	26,939	8,616	15,271	40,356	66.8	18,702,038	46.1
1959年	25,848	8,520	16,642	40,051	64.5	18,555,019	45.9
1960年	24,928	8,289	17,866	39,844	62.6	18,490,653	44.8
1961年	23,649	7,817	19,404	39,590	59.7	18,735,567	41.7
1962年	20,828	7,030	19,966	39,262	53.0	18,385,259	38.2
1963年	17,512	5,791	18,796	38,925	45.0	17,435,358	33.2
1964年	15,288	5,058	17,974	38,520	39.7	16,506,683	30.6
1965年	13,927	4,331	18,677	38,056	36.6	15,732,162	27.5
1966年	13,660	4,212	19,891	37,538	36.4	15,139,823	27.8
1967年	11,726	3,639	20,167	37,171	31.5	14,722,925	24.7
1968年	19,773	6,037	34,946	36,725	53.8	14,426,251	41.8
1969年	20,942	6,247	42,375	36,291	57.7	14,268,389	43.8
1970年	19,120	5,547	43,084	35,830	53.4	14,210,318	39.0
1971年	19,632	5,402	48,260	35,379	55.5	14,289,271	37.8
1972年	18,334	4,910	49,538	35,009	52.4	14,384,677	34.1
1973年	16,762	4,219	51,556	35,428	47.3	14,596,129	28.9
1974年	17,128	4,259	58,343	35,408	48.4	14,824,481	28.7
1975年	16,204	3,948	63,341	35,403	45.8	15,127,288	26.1
1976年	15,958	3,961	73,637	35,435	45.0	15,443,887	25.6

て学校にアンケートを配布して行なうようになった(9)。このため前半と後半では計数が連続していないことに注意しなければならない。

図17をみると一九四九年から五一年にかけて「子ども銀行」が驚くほど急速に増加したことがわかる。そして一九五五年頃まで緩やかに増え続けた後、減少に転じ一九六〇年を過ぎると一気に下落した。調査方法のかわった一九六八年以降も回復することなく減少の一途をたどったとみられる。

まずは一九五〇年代半ばまでの増加の歴史的前提について考えてみたい。すぐに思いつくのは、本書で述べてきたような戦前からの学校貯金の経験が「子ども銀行」普及の基盤となったのではないか、ということである。政策担当者の発言を引いておこう。大蔵省の貯蓄奨励官などを務め、「子ども銀行」の啓蒙と普及に尽力した根津恭は次のように述べている。

昨年〔一九四八年〕の一月十五日に大阪の南大江小学校に『南子供銀行』が出きました。これは前に私共の方でも学童貯金を提唱いたしまして、戦時中昭和二十年六月末において全国の婦人会、青少年団の貯金だけで二十三億円あつたのであります。終戦と同時にこれが雲散霧消してしまいまして、せつかく耐乏によつて蓄積したものが、その耐乏の結果はなんら花を咲かせず実を結ばずして使い果されたということに対して、私共関係官庁の者はほぞを噛む思いをしたのであります。やはり真面目に自分の貯蓄というものを考えさせなければならないというので救国貯蓄運動が昭和二十一年十一月から発足しまして、文部省当局と連絡の上この運動を進めてまいつたのでありますがわれ〳〵の着想はなか〳〵理論では成り立つても具体化しない。ところがたま〳〵南大江小学校の子供銀行の着想が私共の着想とぴつたりゆきましたので、南大江小学校の子供銀行をいろ〳〵観察しました上、これを全国的にとりあげることによつて、真面目な子供の金銭教育の徹底というものが出来たら幸だということで、昨年子供銀行に関する刷りものを全国に十四万枚配布したのでありますⅩ10）。

根津が「子ども銀行」を戦中の「学童貯金」に代わるものと位置づけて、その奨励に乗り出していたことがわかる。

一方、実践の場における象徴的な事例として、先述の大分市の荷揚町小学校の「明星勤労貯蓄銀行」を指導した教師の証言を紹介しておこう。

話は昭和十三年にさかのぼる。当時師範学校を出たばかりの私は或る田舎町の教師として赴任していた。児童が毎月「国民貯金」として、親から貰つて貯金していた。十五日までに貯金するとその月の利子がつくというので、徴収も十日までに児童に通知すること、十五日までに学校貯金係に集計を報告すること、という厳格な規則があつて、貯金高の多いこと、係に提出が早いこと、これをもつてその教師の優劣を評定せられていたことがあつた。従つて或る教師は児童に割当制をもつて臨み、「君の家は五十銭、君の家は一円位どうかな、一円につけておくから…」と云つた調子である。徴収日貯金を忘れる児童があれば、随分やかましくいつたもので、ついには非国民という彫印がつけられる仕末《ママ》、今から考えると随分おかしなことのようにも思えるが、当時としては、日の丸貯蓄だとか、戦勝貯蓄だとか、ほしがりません勝つまでは式の強制的国策貯蓄であつて別に不合理に感じないものであつた(11)。

しかし、この教師はこうした「強制的に盲目的に金高の競争をさせる」やり方に次第に疑念をもつようになり、「教育のなかの貯蓄精神涵養に深い指導理念がほしい」と思うようになった。熟慮の末に「何とかして自分で勤労しその汗で得た金を貯金する」ということはできないか、あるいは「貯金の方法にしても、子供達でそれに従事するといつたことは考えられないものであろうか」と考えるようになり、それを実践するようになったという(12)。当時の日記に次のように記してあるという。

今日は貯金日なので、係を作つてすることにした。班長が各係の集計をして副級長に届け出る。副級長は級長に報告して送金袋に現金を、通帳を通帳箱に入れて、私のところにもつて来た。送金袋もなか〳〵立派に出来ている。通帳箱の模様は女子の有志が考案したという話である。各班に受付係が出来た。現金を勘定する金銭係や通帳を整理する通帳係も出来た。これは児童が考えついてやつてくれたことでうれしいことだ(13)。

つまり、この教師は、もともと学校貯金の方法の改良を模索し続け、その結果、戦後の新教育を先取りするかたちの実践にたどり着いたというのである。こうした経験が戦後の「子ども銀行」の取り組みに活かされることになったというわけである。「子ども銀行」が戦前からの学校貯金の延長線上に位置づけられていることがわかる。

もちろん戦前においては、一般に子どもには金銭を持たせないという「国風」があるといった理解もあって、貯金事務を子どもに分担させるという実践はほとんどなされてこなかった。だが、校長や教師、あるいは郵便局員など大人が貯金事務を担当し、学校をとおして子どもたちに貯金をさせる取り組み自体は数多くなされていた。この学校貯金の経験がなければ戦後の「子ども銀行」の普及は、はるかに緩やかなものにとどまっただろう。

2　増加する「子ども銀行」

貯蓄奨励策の展開

一九五〇年代半ばまでの「子ども銀行」の増加を支えたのは学校貯金の経験だけではなかった。戦前・戦中において政府は貯蓄奨励策を推進したが、敗戦後もインフレーションを抑え込み、さらには資本蓄積を進めるためにそれを積極的に展開した。日本では、アメリカのように、戦争が生み出した「閉じこめられた需要と貯蓄」が一気に解放され、幅広い階層の人びとを消費に向かわせたのではなかった[14]。注目すべきことに、こうした政府の進める貯蓄奨励策の一環に「子ども銀行」の開設が明確に位置づけられたのである。

戦後の貯蓄奨励策は、一九四六（昭和二十一）年十月ごろから始まった[15]。日本銀行総裁一万田尚登が「通貨安定、貯蓄推進に関する声明」を発表し、通貨安定とインフレーション抑制のため、貯蓄増強を図るべく「国民運動」を提唱したのである。そのなかで一万田は、「通貨安定・貯蓄推進の運動を民主的・自主的に展開し、国民自らがその良識と努力によって通貨を守り貯蓄を増強し、もって産業復興の資金を充実するとともに、これによって農漁民を含む勤労者を〝インフレ〟の惨禍から救済」したいと述べている。戦中の国民貯蓄奨励運動との違いを示そうとしたためか、「民主的・自主的」展開を強調していたことがわかる。

十一月にはさっそく政党所属の衆議院議員を構成員とする通貨安定対策本部が衆議院内に置かれ、「救国貯蓄運動」が開始された。この運動は、後にふれるように「子ども銀行」の育成強化や国民貯蓄組合の結成奨励、「貯蓄実践模範地区」の設定、「預金に関する世論調査」、「優良金融機関店舗・職員表彰」、貯蓄の街頭宣伝などさまざまな活動を展開した。だが、一九四九年五月に来日したシャウプ使節団が直接税中心主義への税制改革を勧告したことにより（シャウプ勧告）、税制による民間資金の政府への吸収が重視されることになったため、それとの方針上の齟齬などもあって、同年十二月に通貨安定対策本部が解散した。これによって三年余りで運動の幕が閉じられることになった。

しかし、その後をうけるかたちで大蔵省が中心となって都道府県単位の「地方貯蓄推進委員会」の結成を呼びかけ、各地にそれが組織されていく。一九五二年四月には、それら地方委員会の連絡・調整機関として貯蓄増強中央委員会が発足した。この委員会は、金融団体、産業団体その他各種団体の代表者および学識経験者によって構成されていたが、初代会長には元大蔵大臣の渋沢敬三が就任し、事務局を日銀貯蓄推進部が引き受けるなど官民一体となった組織だった。地方の主体性を強調してはいるが、第4章で述べた、一九二四（大正十三）年に設置された貯蓄奨励中央委員会と各地の地方委員会という貯蓄奨励組織の構造を彷彿とさせる。いずれにしても、こうした委員会も加わり大蔵省や日本銀行の主導する貯蓄奨励策が展開されていったのである。

一九四八年四月二十七日、政府は「昭和二十三年度貯蓄増強推進に関する件」を閣議決定した。それを受けて同年七月二十八日、大蔵省銀行局長と文部省学校教育局長が連名で各知事に宛てて次のように教育機関を通じての貯蓄思想の啓蒙について通牒を発した。

昭和二十三年度貯蓄増強推進に関する件の閣議決定（昭和二十三年四月二十七日）に基いて特に教育機関を通じての貯蓄思想の啓蒙については左記事項の具現を図られ貯蓄の増強に格段の御尽力を煩わしたい。

記

一、学童生徒を対象とする貯蓄奨励については金銭教育の指導をなし学童生徒の貯蓄思想涵養に一層留意されたいこと。

二、学童生徒の自主的なる貯蓄推進組織の育成及び発展に当つては資料の配布其の他便宜供与されたいこと。
三、学童生徒の貯蓄源泉の培養については努めて斡旋の労をとられたいこと。
四、六・三制整備起債に関連し六・三制貯蓄増加運動実施についても学童生徒に資金蓄積の緊要なる所以の正しい認識を授けられたいこと。
五、右各項については教職員各位の積極的な御協力を配意されたいこと(16)。

学校において「貯蓄思想」を涵養するための「金銭教育」をすること、子どもたちの「自主的なる貯蓄推進機関」の組織への便宜供与、「貯蓄源泉の培養」、ようするに勤労などによる収入獲得の斡旋、小・中学校校舎建設を目的とした起債のために貯蓄推進することの必要性を教えることなどを教職員の協力の下で実施するように求めたのである。二つめの項目が誕生したばかりの「子ども銀行」を想定していることはいうまでもないだろう。

翌一九四九年四月十二日には「昭和二十四年度貯蓄運動方策要綱」が閣議決定された。そこでは「一般預金増加目標額」が二五〇〇億円に設定された。さらに「貯蓄推進の施策事項」として貯蓄組合の結成・充実や末端での貯蓄実践の促進などが指示され、教育機関等を通じての「経済自立促進耐乏生活の実施」の促進などが列挙された(17)。増加目標金額の設定といい、貯蓄組合結成の奨励といい、戦中の貯蓄奨励策がほとんどそのままの形で引き継がれているようにみえる。

同じ時期、文部省も別角度から「子ども銀行」に言及した。一九四九年四月十四日、文部次官は前年七月に公布された「国民の祝日に関する法律」を踏まえ、来る五月五日が初めての「こどもの日」になるとして通牒を発した。そこでは、「こどもの成長を祝福する明るい記念日」にするための「こどもの日の行事例」が示され、その一つに「こどもクラブ、学級文庫、子供銀行等をはじめる」ことが挙げられていた(18)。

そして同年九月十二日には、「子ども銀行」の簇生などを念頭に大蔵省銀行局長と文部省初等中等教育局長が連名で各都道府県の知事と教育委員会に宛てて「児童、生徒の貯蓄実践の推進について」と題する次のような通牒を発した。

> 教育機関を通じての貯蓄思想の啓蒙については、かねてより御協力を得ているところで、感謝に堪えませんが、最近全国的に児童、生徒の自主的な貯蓄組織の結成を見られるので、児童、生徒の貯蓄運動に対しては特に左記事項に留意して、貯蓄思想の涵養に資せられるように、格別の御高配をお願い致します。
>
> 記
>
> 一、当面の社会及び経済状勢についての関心を深めるとともに、児童、生徒の発達段階に応じて経済生活ことに金銭に関して正しい理解と態度と能力を養うことを主眼とし、社会科その他の実際指導に有意義であるように工夫することが大切である。

（一）勤労は社会に貢献するとともに、収入を得る所以であること、従つて金銭の尊重すべきことを理解させ、浪費の機会をなくすよう善導する。
（二）貯蓄およびその機関の機能を社会生活との連関の上で理解させ、貯蓄を行うために必要と考えられる簡単な操作を学ばせるとともに、金銭を処理するために必要な周密な態度と能力、強い責任感を育成する。
（三）貯蓄された金銭は社会的にどのような働きをするか、また個人としては貯蓄した金銭をどのように活用すべきであるかを理解し、貯蓄の目的が社会及び個人の幸福と繁栄に通ずることを明らかにする。
二、学校においてこども銀行、こども郵便局、あるいはこども協同組合等を経営する際には、広く教育的な立場にもとづいて児童、生徒の自主的運営ができるようＰＴＡ、金融機関等に密接に連絡を図つて用意周到な指導助言について配意する。
三、貯蓄奨励に当つては、いたづらに児童、生徒の競争心をあおることなく、無理のない程度で長く継続することのできるような、望ましい貯蓄の態度習慣を育てるよう指導し、尚貯蓄できないような状態にある児童、生徒に対しては絶対に強いることのないように留意する(19)。

この共同通牒では貯蓄思想の涵養のために、社会科の授業などでの実践的指導の工夫や、「子ども銀行」を経営する際のＰＴＡあるいは金融機関との連携、競争を排した望ましい貯蓄習慣の養成などが学校に求められた。

一九五〇年代に入っても政府主導の貯蓄運動は続いた。大蔵省と日本銀行が示した「昭和二十六年度貯蓄運動方策要綱」では、預金増加目標が五三〇〇億円に設定され、貯蓄推進策の一つとして「子ども銀行」の「健全な育成を促進すること」が掲げられた。加えて一九五一年九月十日から十月二十日まで「講和記念特別貯蓄運動」を実施することになり、運動の「要綱」には「子ども銀行」等の「健全な育成」と「優良こども銀行の表彰状授与式」の挙行があげられた。さらに一九五二年二月十一日から三月三十一日まで「経済自立特別貯蓄運動」を展開することとなり、「子ども銀行」等の結成・指導育成において「功績が顕著な個人」を表彰することになった(20)。

さらに一九五二年五月一日から六月十日まではサンフランシスコ講和条約の発効を受けて「独立記念特別貯蓄運動」が、九月十日から十月二十日までは「独立記念第二次特別貯蓄運動」、十一月二十一日から十二月三十一日までは「歳末貯蓄運動」、一九五三年三月一日から三十一日までは「三兆円達成記念貯蓄運動」が実施された。これらはいずれも大蔵省・日本銀行およびそれらと連携した貯蓄増強中央委員会が主導したものだった。このなかでもやはり「子ども銀行」の「開設及び健全な発展の促進」や表彰などが謳われていた(21)。

一方、戦前、大衆的な貯蓄機関としての郵便貯金を管掌してきた逓信省(一九四九年六月より郵政省に改組)の動きをみておこう。学校貯金の導入・普及に大きな役割を果たした郵便切手貯金制度は、一九四三年の停止後、再開をみないまま、「郵便貯金法」が一九四七年十一月に全文改正された際に関係条文が削除されて廃止となった。改正案を審議した第一回国会衆議院の逓信委員会（一九四七年十一月二十一日）では存続を求める声も議員からあがったが、「郵便切手貯金は、貯蓄を奨励する面から見ますると、実効は上つておらない」ため、「非常に経営が窮屈」になっている貯金事業の合理化のために「切り捨て」ることになったと当局側より説明された(22)。

しかし、このことは逓信省（郵政省）が「子ども銀行」に無関心だったことを意味しない。一九四八年十二月、貯蓄奨励策の一角を担ってきた逓信省を廃止し、同省が管轄してきた業務のうち、郵便、貯金、保険は新設される郵政省が管轄することが決定されるのだが、その直後の一九四九年一月二十七日に逓信省貯金局長から各地方逓信局長に、一九四八年七月の大蔵省・文部省の共同通牒と同様の通牒が出され、各郵便局から小・中学校に「こども郵便局」を作るよう働きかけがなされたのである(23)。実際、一九四九年三月一日付の『読売新聞』によれば、逓信省は同年初め「全国の中、小学校七十四万人にことし中に一人一千円、計七億四千万円の貯金をしてもらおうと考えて各学校に〝子供郵便局〟をつくるようお願いした」という。郵政省は、後述するように「全国優良こども郵便局表彰」も毎年展開していく。管轄事業の再編もあって一歩出遅れたものの、大蔵省を中心とした動きを追走するかたちで郵政省側からも独自に「子ども銀行」の設置奨励が進められていくのである。

地方での対応

こうした貯蓄奨励策の一環としての政府からの通牒を受けて、地方当局は学校現場に具体的な指示を出していく。以下では愛知県の例を取り上げておこう(24)。一九四九（昭和二十四）年三月末の都道府県別調査によれば、愛知県は「子ども銀行」の開設数で全国第二〇位だったが(25)、同年六月には北海道に次いで第二位となり、利用者数では首位に躍り出ている(26)。

一九四八年十一月、早くも県当局は、各市町村長、地方事務所長、学校長に対して、年末に実施される貯蓄運動を契機として貯蓄の成果をいっそうあげるとともに貯蓄組合を結成して勤倹貯蓄習慣を養成するよう求める通牒を発した。そこでは貯蓄の具体的実践について郡市学校長会議や教員の会合に諮り、目的達成に協力するように要請された。注目すべきことに、同通牒のなかの「学童生徒貯蓄実践要領」では、「貯蓄機構の設立」について具体的な方法が示された。そこには次のようにある。

結成についてはどうしても教職員各位の理解ある努力にまたねばならないが、その方法については、学校の組織を通じて学年学級ごとに趣旨の徹底を図り、自主的運営を指導し、常に正しい金銭教育の実践を心身の発達に応じて教育されるよう願いたい。

（一）こども銀行（又はこども貯金局）として結成する場合

イこどもの学校単位か、通学区域によつて「こども会」などを作り、こども会ごとに支店を作る。

この支店で預つた金はほんとうの銀行（又は郵便局、協同組合）へ持つて行く。

ロ営業場

支店の仕事は、学校内の特別教室又は適当な場所を利用されたい。

ハ営業時間　毎週何曜日、授業前又は昼休み等とし、学校の事情により適当に定める。
ニ銀行員（又は局員）
支店長、支店長代理、窓口係、原簿係、勘定係、宣伝係等を置く。
ホ貯金通帳
こども銀行のものは個人名義のもので実施し本当の銀行（本店）の通帳は一冊とし、実施の日の総額をまとめて預金する。
へ利息
本店からいたゞいた利息は、めい〳〵の貯金額に応じてわける。
トその他
帳簿のつけ方や利息の計算、用紙の調達等については、先生や関係金融機関と連絡して指導援助を受ける。
……(27)

「子ども銀行」の結成と運営の方法について詳細に説明がなされたのである。これは、七月の大蔵省銀行局長と文部省学校教育局長の共同通牒を受けてのものとみられる。同様の対応は愛知県に限らず全国でなされたとみてよい。実際、東京都北多摩事務所からも一九四八年十月十四日に小学校に宛てて次のような指示が出されている。それは、「過般大阪市南大江小学校こども会において子供銀行を創設したところ学童の勤倹貯蓄が旺んになり、大蔵省においてもこの『銀行あそび』の中に学童の貯蓄心の涵養、自治、実務の訓練等教育上の見地から相当効果を認め、これを全国的に奨励することになったから、貴校に於かれましても『子供銀行』の結成勧奨方御取計らひ下さい」(28)というものだった。

愛知県では、翌一九四九年九月十日にも愛知県総務部長と愛知県教育委員会教育長が連名で各地方事務所長、各市町村長、各学校長に「こども銀行（貯蓄組合）の育成強化について」との通牒を発した。そこでは「未だこどど《ママ》銀行の設置されていない学校は、この際困難な事情を排除して、これが設置に努められ、経済安定九原則の精神的要素である『勤と倹』と耐乏生活を実践する教育的組織として育成強化にこの上とも御努力願いたい」とされた。しかも、「子ども銀行」設置校には、名称、設立年月日、加入者数、貯蓄現在高などの現況報告の提出を求め、「未結成の小、中学校にあつては未結成の理由又は結成準備の状況」について期限を区切って報告するよう指示した(29)。ここに至り、「子ども銀行」の設置に向けて、戦時中と見紛うような強い要請がなされていたことがわかる。

これを受けて、各学校はどのように対応したのだろうか。東春日井郡守山町の大森小学校は詳細な現況報告を提出している。それによると、名称は「大森小学校こども郵便局」、設立は一九四九年五月一日、組合員数六四〇名で児童中の加入率は九七パーセントに達していた。貯蓄現在高は学校全体で一〇万一三〇九円、月平均貯金額は二万〇二六一円、一人平均の貯金額は一五五円だった。営業場所は校内の応接室で、毎月上旬の三日間、昼休みと授業後に営業していた。児童会の事業として行ない、ＰＴＡが「側面的の援助」をすることになっていた(30)。

一方、「子ども銀行」を開設していなかった学校――とくに新学制によって発足したばかりの中学校に多かったと思われる――では対応を迫られることになった。知多郡の東浦中学校では、一九四九年十一月二十五日に職員が「子供銀行実践具体案」を起案している。それによると、十二月一日から校内の商業実習室窓口で開くこととし、月二回学年ごとに「銀行開設日」を設定することとしている。また生徒のなかから窓口係、通帳記入係、金額整理係、原簿記入係、日記帳記入係、通帳保管係を選ぶことになっていた(31)。通牒を受けて教師が取り繕うように大急ぎで「子ども銀行」の設立に着手したようにみえる。

「優良こども銀行」の表彰

こうした半強制的な要請（「ムチ」）の一方で「アメ」も用意されていた。「優良こども銀行」の表彰である。全国レベルでの最初のものは、毎日新聞社と毎日小学生新聞の主催、通貨安定対策本部と大蔵省の後援で一九四八（昭和二十三）年十一月二十九日に行なわれた。同年九月十五日の『毎日小学生新聞』は、「すぐれたりっぱな『こども銀行』を表彰して、日本中のお手本に、することにしました」として、十月二十日までに、所在地、名称、設立年月日、貯金者数、貯金高、貯金するお金の種類、組織・預金方法、払い出しの状況などを報告書にまとめて毎日新聞社まで送るよう広告を出した。そこでは、大蔵省などに統計として残るので、「全国の『こども銀行』は、残らず知らせて下さい。まだのところは、一日も早く開店して、お知らせねがいます」と呼びかけてもいた。

「優良こども銀行」の第一回表彰は次のように行なわれた。まずは応募してきた全国の「子ども銀行」のなかから、都道府県代表の九〇行が選ばれ、「模範銀行旗」とバッジが贈られた。そして、そのうち八行を選び「全国模範こども銀行」として表彰した（『毎日小学生新聞』一九四八年十一月二十一日付）。第一位に輝いたのは、先に紹介した大分市の荷揚町小学校の明星勤労貯蓄銀行だった。同校の教師と子どもたちの代表が東京に招待され、四日間にわたって表彰式や毎日新聞社見学、通貨安定対策本部長招待晩餐会、都内小学校見学、国会議事堂見学など、華々しく行事が繰り広げられた(32)。「優良こども銀行」の表彰はこのように一種の「メディア・イベント」(33)として始まったのである。

しかし、翌一九四九年は毎日新聞社と毎日小学生新聞が主催者を降り、大蔵省と通貨安定対策本部の主催で十一月十一日に東京都神田共立講堂で行なわれた（『朝日新聞』一九四九年十一月十二日付）。一九五〇年からは大蔵省と日本銀行が主催した(34)。この年は十一月二十一日に大蔵省講堂を会場に約二〇〇名を集めて開かれ、一二八行が表彰された（『朝日新聞』一九五〇年十一月二十二日付）。以後、一九五一年は十月十七日、一九五二年は十一月二十一日、一九五四年は十一月二十五日、という具合に十月から十一月にかけて開催された。一九五四年十一月二十六日付の『朝日新聞』は、「同〔大蔵〕省や日銀、貯蓄増強中央委員会などで選んだ優良『こども銀行』の代表たちで、小笠原蔵相、井上日銀副総裁から表彰状とミレーの〝種まく人〟を刻んだタテをもらってみんなニコニコ」と報じている。一九五五年からは「貯蓄の日」とされた十月十七日を期して開かれるようになった(35)。

これに対して、郵政省は、大蔵省および日本銀行とは別に一九五〇年から「全国優良こども郵便局表彰」を始めた。第一回は一九五〇年五月五日の「こどもの日」に目黒雅叙園にて表彰式が行なわれた。全国の「こども郵便局」のなかから毎年代表者一〇名が東京に招待され、郵政大臣から表彰状と賞品が贈られた。大蔵省による「子ども銀行」の表彰との差別化を図るためか、表彰を受けた子どもたちは羽田空港から一時間ほど、当時まだ珍しかった飛行機に乗っての東京見物という副賞が毎年ついていた。表彰式は、しばらくのあいだ五月五日に開かれたが、郵便貯金創業八〇周年にあたる一九五五年からは五月二日の「郵便貯金創業の日」に移った(36)。一九六五年からは二日に限らず五月中の平日に行なわれるようになった(37)。

3　戦後新教育とのかかわり

子どもの自発性と経験の重視

よく知られているように、戦後新教育には敗戦までの教育と比べていくつかの特徴があった。教育課程についていえば、その一つは、それまでのように画一的なものを「上」から押し付けるのではなく、地域や教師の考え方に基づいて「下」から作り上げていくことがめざされたことである。そのための「手引き」として一九四七(昭和二十二)年三月に発行されたのが『学習指導要領』(38)だった。『学習指導要領　一般編(試案)』には「これまでとかく上の方からきめて与えられたことを、どこまでもそのとおりに実行するといった画一的な傾きのあったのが、こんどはむしろ下の方からみんなの力で、いろいろと、作りあげて行くようになって来たということである」と、わかりやすく説明されている。
戦後の教育課程における二つめの、そしてより重要な特徴は、教師による教え込みを廃し、子どもたちの自発性や経験を重視した、いわゆる経験主義に基づく教育が重視されたことである。いま一度『学習指導要領　一般編（試案）』をみてみよう。そこでは学習指導のポイントが次のように記されている。

ほんとうの学習は、すらすら学ぶことのできるように、こしらえあげた事を記憶するようなことからは生まれて来ない。児童や青年は、まず、自分でみずからの目的をもって、そのやり口を計画し、それによって学習をみずからの力で進め、更に、その努力の結果を自分で反省してみるような、実際の経験を持たなくてはならない。だから、ほんとうの知識、ほんとうの技能は、児童や青年が自分でたてた目的から出た要求を満足させようとする活動からでなければ、できて来ないということを知って、そこから指導法を工夫しなくてはならないのである。

（『学習指導要領　一般編（試案）』一九四七年）

「ほんとうの学習」とは子どもたちの自発性や経験に基づくものである、と明快に宣言されている。「子ども銀行」が誕生し広がり始めた背景にはこうした学習観があったのである。
戦後新教育の学習観は、学校における既存の事業に新たな活動と意味を付け加えることになった。学校での購買部の取り組みを例にみてみよう。学校の購買部は、早いところでは日露戦争後に始まった学用品の共同購買制度を起源としている。愛知県千種村の千種尋常高等小学校では一九一一（明治四十四）年に「学用品協同購買制度」を立ち上げ、学用品の品質や様式を一定にして「大商店」から直接学校に取り寄せることで小売店の価格よりも三割ほど安い値段で子どもたちに学用品を販売しはじめた(39)。それが第一次大戦後の物価高騰の折には文部省が「浪費ヲ省キ節約ヲ重ンズル美風ヲ養フコトガ最モ緊要ナ事柄デアル」などとして学用品や運動会などの学校行事などにかかる費用を節約するよう訓令を発したこともあって（一九一九年訓令第八号）、「小学児童の購買会を設けよ」（『読売新聞』一九二一年三月二十九日付）などと提唱されるようになった。そして一九三〇年代半ばまでには文具商組合の反発を買うほどにまで学用品の共同購買は広がっていた（『東京朝日新聞』一九三四年二月十日付）。

学用品費の節約を目的として行なわれていた共同購買は、戦後、子どもたちの自発性や経験が重視されるようになったことをうけて、「児童会活動」のなかに位置づけられるようになっていく。たとえば、秋田師範学校附属小学校の『秋田附小プラン』（一九四九年六月）によれば「児童会（子供会）組織による活動」の一つとして「学用品の配給、販売」を行なう「購買部」が設けられていたとされる(40)。長野県駒ヶ根市の中沢小学校では、一九一四年に設けられた購買部が戦後、「児童会活動」の一環に位置づけられたという(41)。

さらに東京都の桜田小学校のある教員は、敗戦後の物価高のなかで保護者から学用品が高いという訴えを聞き、子どもたちに尋ねたところ「学校に購買部ができたらいい、という要望が盛んでした」という。そこで、同校では、学用品を安く、また「社会科の学習の実験の場としても、よいことを考えて購買部」を設けることにしたと報告している。購買部の取り組みについて、この教員は、一九五〇年「現在、六年生七名、五年生四名、四年生八名の部員からなり、六年生を班長として五班に分れ、商品の仕入から、利益の計算、販売方法などについて相談し、実務に当っております」と説明し、「いろいろ生きた学習ができる点なども、たしかに良い方法だと考えております」と自己評価している(42)。

『学習指導要領』への登場

このように子どもの自発性と経験が重視され、その教育的意義への注目がなされるようになるなかで、「子ども銀行」が盛んに行なわれるようになると、やがてそれを教育課程のどこに、どのように位置づけるべきなのか、ということを明確にすることが求められるようになってきた。

すでにみたように、南大江小学校の場合は教育課程の外側の課外活動に位置づけていた。先述した一九四九(昭和二十四)年九月の大蔵省・文部省の共同通牒は社会科との関連を示唆していた。実際、大蔵省銀行局国民貯蓄課編『ぼくらの銀行』は、「教育の本道に立つ子供銀行は当然社会科の一教材として十全な計画と立案のもとに実施せられるのである」という鳥取県や、社会科の実習として開いている和歌山県の例を紹介している(43)。課外活動、あるいは戦後新教育の「花形教科」の一つだった社会科のなかに位置づけるという試みがなされていたのである。

このようななか、一九五一年における『学習指導要領』の改訂を契機に一つの方向性が示されることになった。改訂にともなって、一九四七年『学習指導要領』が提示した子どもの自発性や経験を重視する学習観は受け継がれたが、小学校では教科の一つとして置かれた「自由研究」が廃止され、かわって「教科以外の活動の時間」が設けられた。その時間の例として「民主的組織のもとに、学校全体の児童が学校の経営や活動に協力参加する活動」が示され、「児童会」「児童の種々な委員会」「児童集会」「奉仕活動」の四つが挙げられた。注目すべきことに「児童の種々な委員会」のなかに「学校新聞の発行」や「学用品の共同購買」などと並んで「こども銀行の経営」が示されたのである。このことは、文部省が小学校では「子ども銀行」を教科ではなく、「教科以外の活動の時間」のなかに位置づけていこうとしていたことを示している。

中学校については、「教科以外の活動の時間」に相当するものとして一九四九年以来「特別教育活動」が置かれていた。だが、一九五一年改訂の『学習指導要領』では小学校と違って「特別教育活動」に「学校新聞」や「共同購買」などのような具体的な活動は示されず、「子ども銀行」への言及もなかった。しかし、同じ年に刊行された『中学校学習指導要領　職業・家庭科編（試案）』では、「教育計画の例」のなかの「農村男子向き課程の例」の「第二学年の学習指導」において「生徒協同組合の経営」が示された。そこでは「この学年の終りから実践する生徒銀行や購買部・利用部・販売部などの協同事業の計画を立て、その準備をすることによって、職業的な経験を広めるとともに農村における協同事業の意義を理解し、また、事務的な職業に対する理解を深める」ことが主眼とされた。「職業・家庭科」において「職業的な経験」を身につけ、「事務的な職業」への理解を深めるために、「生徒協同組合」のなかに「生徒銀行」を設けることが示されたのである。中学校の場合には、「子ども銀行」を職業教育の一環に位置づけて活用しようとしていたことがうかがえる。

「子ども銀行」の位置づけに関する全国的な傾向については、一九六九年度のものしかわからないが、それによれば、「特別教育活動」が五五・一パーセント、「学校行事」三五・七パーセント、「道徳教育」三二・五パーセント、「教科」六・七パーセントとなっていた(44)。後述するように、この時点では中学校の「職業・家庭科」が廃止されていたこともあって、ほとんどが「特別教育活動」や「学校行事」などの教科以外の活動に位置づけていたのである。

コア・カリキュラムとしての「子ども銀行」

『学習指導要領』が改訂された翌一九五二年には、大蔵省銀行局が『教科外活動としてのこども銀行』を編集・刊行した。そのなかで、「子ども銀行」と「教授体系との関連」として、小学校一年生から中学校三年生までの指導計画の事例を示した。注目すべきことに、その事例のすべてが子どもの活動としての「中心課程」と教科からなる「基礎課程」によって編成されていた。こうした構造をもつカリキュラムは、「コア・カリキュラム」と呼ばれている。以下に小学校三年生の例を紹介しよう。

指導目標　金銭を自覚的に処理させる。買食い、無駄づかいをしないようにお金を大切にさせる。功利的にならないように、また金銭のみとらわれるような悪弊に注意し、強制でなく、児童の自覚と実践に俟つて物の節約につとめさせる。

指導要領 （1）お駄賃やお小遣いしらべ
（イ）お手伝、おつかい
（ロ）その他
（2）学区内の商店と物価しらべ
（3）学用品の節約、よい買いかたとよい使いかた
（4）貯金箱製作と「こども銀行」

中心課程 （1）学区内の商店しらべ
○いろいろな商店
○品物と値段
（2）配給所
○主要食糧とねだん
（3）水道料金
○料金しらべと計算練習
（4）学校給食
（5）のりものの調査
○汽車賃、バス代しらべ
○距離と料金

（6）お祭
○おつかいとお手伝
○お駄賃とお小遣
○買食いとむだづかい

基礎課程　算数　○物価のグラフ作成
○汽車やバスの賃金表
○配給の計算
図工　○貯金箱
○ポスター
○働く人の絵

注意　積極的に、自覚に訴えての実践をはかること(45)。

「基礎課程」における算数と図工で知識や技能を修得させ、それが「中心課程」における子どもの活動を支えるという構造になっている。こうしたコア・カリキュラムは、子どもたちの経験を重視するカリキュラムの一つで、もともとアメリカで誕生したものである。戦後のこの時期、カリキュラム編成についての情報交換をするための自主的な全国組織も作られて、各地でさまざまな試みが盛んになされていた。「子ども銀行」は戦後新教育に親和的な実践だったのである。

隠れた理由

「子ども銀行」の普及には、もう一つの隠れた理由があった。それは、六・三制の発足によって不足した校舎や教室などの教育施設を整備・改善するための財源を補填するためだった。新学制開始の当初、義務教育のための教室が全国で一六〇万人分も不足していた。また四万六〇〇〇学級が講堂や屋内体操場、廊下や物置などを使ったり、二部教授を行なったりして、なんとか凌いでいた。一九五一年度になってもまだ三万三〇〇〇学級が不足していた。こうした状況の改善が喫緊の課題だったが、地方自治体はその財源の捻出に苦しんでいた(46)。

そのため、多くの場合、国からの補助や起債が頼りだった。だが、国庫補助のための十分な法的整備が遅れており、国から起債の許可を得るためには貯金による「裏づけ」が必要とされた。郵便貯金の場合、起債額の八割以上の「裏づけ」がないと起債が許可されなかったとされる(47)。そこで「六・三制貯金」が各地で盛んに行なわれ、それと併行して「子ども銀行」にも力が注がれたとみられる。実際、福島県は、六・三制実施にともなう校舎建築費の起債が貯蓄とリンクしていることを強調して貯蓄組合の結成を勧め、それ以後「子ども銀行」が実施されるようになったという(48)。

集まった貯金は起債の「裏づけ」に利用されただけではなかった。金融機関側が児童一人ひとりへの通帳の発行をコスト・パフォーマンスの観点から忌避しがちだったため(49)、金銭は一括して預けるのが一般的だった。金融機関は大口の貯金をやすやすと獲得することになったわけである。一方で学校側は、貯金から生じる利子を流用したり、金融機関から見返りに融資を引き出すための取引材料としたりしたのである。

しかし、「利子流用」や「見返り融資」にはトラブルを引き起こす懸念があった。そのため一九五三（昭和二十八）年五月七日に大蔵省銀行局長と文部省初等中等局長が都道府県の知事と教育委員会等に「こども銀行等の貯蓄実践について」通牒を発し、次のように指示した。

従来、こども銀行のなかには親金融機関において附加する利子をそのまま学校、あるいは学校施設等の経費の一部に充当するよう申し合せ、そのまま振り替えて寄附しているところもあったが、かような協議がなされた場合であっても、利子が預貯金に繰り入れられた上で正規に寄附金相当額の払いもどしをさせ、その後において寄附等を行わせるように帳簿整理上も受け払いを明らかにするよう処理することが適当である。

……

多くの児童及び生徒からの預貯金を、一時的にせよ親金融機関に預入を怠って、これを他に融通したり、あるいは親金融機関に預貯金があることを見返りとして融資を受けようとするようなことは、たとえ児童及び生徒が自主的に協議したものであったり、また児童及び生徒のために役立つというような事由がある場合でも、こども銀行の預貯金そのものが貸出金になるような措置は厳に行わないようにする(50)。

だが、こうした通牒が出されること自体、「見返り融資」や「利子流用」が現実に行なわれていたことを裏書きしている。しかも通牒は、帳簿上のつじつまさえ合わせれば「利子流用」を容認するものだったし、「見返り融資」かどうかは当事者同士の「阿吽の呼吸」でどうとでもなったことだから、これらの指示が有効だったとはとても思われない。

実際、通牒が出されてからも、「見返り融資」や「利子流用」は後を絶たなかった。同じような内容の通牒は繰り返し出されたし、一九五五年には東京都のある小学校のＰＴＡが校地買収のために、「子ども銀行」の貯金を流用したことが発覚し問題化している（『読売新聞』一九五五年二月二十五日付）。「見返り融資」や「利子流用」が行なわれた背景には貧困な教育財政があった。いいかえれば、教育財政のための財源を補填する役割が期待できたことも、「子ども銀行」の急速な普及を支えた要因だったのではないかと考えられるのである。

第7章
「子ども銀行」の終焉

1　大衆消費社会の到来

堅調な家計貯蓄

一九五〇年代半ばに始まった高度経済成長によって日本に大衆消費社会が到来した。敗戦直後には、戦中以来の窮乏生活を耐え忍ばねばならなかった日本でも、遅ればせながら、アメリカ的な生活様式が広まり始めた。吉見俊哉によれば、占領期に朝日新聞に連載された、アメリカのある家族を描いた漫画『ブロンディ』などによって先導されたアメリカ的なライフスタイルへの人びとの関心は、一九五〇年代後半には大量に輸入されたアメリカ製テレビドラマが描く家庭生活への憧れとしてさらに広がっていったという。戦後日本の大衆意識の主流は「反米」ではなく「親米」であり、アメリカ的なライフスタイルは人びとの「理想」となった(1)。

高度経済成長は勤労者を中心に所得の上昇をもたらし、人びとはアメリカをモデルとした「理想」の生活を実現すべく消費に向かった。総理府統計局の『家計調査年報』によれば、勤労者世帯の場合、所得の上位二〇パーセントの層で一九五五（昭和三十）年に、四〇から六〇パーセントの中位層で一九六七年に、下位二〇パーセントの層でも一九七二年には消費支出のなかで雑費が食料費を上回るようになった。農家でも一九六〇年代後半には雑費への支出が食料費を逆転した(2)。

食料費の位置づけが相対的に低下していくなかで生活様式も変容していった。それまでの畳の部屋でちゃぶ台を囲むスタイルがダイニングキッチンでのテーブルと椅子の生活に代わった。食生活では、米の消費量が減少し、パン食が広がった。乳製品や肉類、果物が食卓に並ぶようになった。一九五〇年代終わりから六〇年代にかけて、「三種の神器」といわれた白黒テレビ、洗濯機、冷蔵庫といった生活家電が家庭に備え付けられるようになり、さらに一九六〇年代半ば以降になるとカラーテレビ、車（カー）、クーラーという「新三種の神器」が急速に普及した。大量生産による価格の低下と、スーパーマーケットの普及に代表される大量流通機構の確立、さらにはテレビの広告・宣伝が消費者の購買意欲をかきたて、「モノ」が生活のなかに溢れるようになった。

とはいえ、注目すべきことに高度経済成長期をとおして日本の家計貯蓄率は減少していない。内閣府の「年次経済財政報告」によれば、一九五五年に一一・九パーセントだった家計貯蓄率は、一九六〇年に一四・五パーセント、一九六五年に一五・八パーセント、一九七〇年一七・七パーセントとむしろ伸びてさえいる(3)。

貯蓄についての意識にも大きな変化はない。貯蓄増強中央委員会（一九八八年に貯蓄広報中央委員会に改称）が実施してきた「貯蓄に関する世論調査」では一九六四年から八四年まで「貯蓄についての考え方」という項目があり、①「貯蓄は必要だから相当無理してでも貯蓄しなければならない」、②「貯蓄のためには、ある程度やりくりするのもやむをえない」、③「貯蓄はいくらか余裕があればした方がよい」、④「まず毎日の生活を楽しむことを考えたい」、⑤その他、の五つのなかから一つを選択して回答することになっているのだが、一九六四年から一九七一年まで一貫して①は二〇パーセント前後、②は三〇パーセント代前半、③は四〇パーセント代前半を維持し、④は六パーセントから三パーセントへと低下している(4)。

この時期、家庭においては、豊かさをめざして食料費以外への支出が増える一方、貯蓄も堅調に推移していたのである。

「子ども銀行」の減少

ところが、「子ども銀行」は一九五〇年代の半ば以降、減少に転じ、六〇年代に入ると減少傾向が明瞭となる。一九五六（昭和三十一）年十二月十三日付の『読売新聞』は「子供銀行廃止に賛成」との新潟県の教員の投書を掲載した。投書は青森県東通村の校長会が「子ども銀行」の廃止を申し合せたことに賛意を示したうえで「学習上に別に大きなプラスになっているとは思えない」「親銀行の手先のような単なる出納事務の実習のようなかたちになっている」と、「子ども銀行」にかける手間を他の学習に注ぎ込む方が効果的だと主張した。背景には経験主義による学力低下への批判があったとみられる。

右の投書もふれるように、この頃から「子ども銀行」を取りやめる地域が目立ち始めた。一九六〇年代になると、市内の二十数校に「子ども銀行」のあった兵庫県西宮市も教育委員会と各校の校長が協議した結果、競争心をあおるなどの悪影響が出ているとして全廃を決めた（『朝日新聞』一九六六年五月三日付）。背景には授業に専念させるために教師を「雑務」から解放する意図もあったとみられる(5)。静岡県駿東郡では一九六九年度から貯金の取り扱いをやめる学校や回数を減らす学校が出てきた(6)。熊本市でも一九六一年ごろを境に次第に設置数が減少していったという。それは経済情勢の変化や校務の片手間での運営の難しさなどに起因するとされる(7)。山口修も「こども郵便局」が一九六〇年代初めをピークに減少傾向に入ったと述べている(8)。

「消費の主体」としての子どもの誕生

なぜ「子ども銀行」は減少しはじめたのだろうか。まずは子どもの側から事情を考えてみよう。消費社会の内実を家族の側から描いた倉敷伸子は、高度経済成長期において家族が市場に連結することで、「消費の主体としての家族」に再編されたと論じている(9)。だが、「消費の主体」となったのは家族、あるいはその「主宰者」に位置づけられた「主婦」だけではなかったのではないか。子どもたち自身も「消費の主体」として形成されるようになったということができるのではないか。いいかえるならば、子どもたちは、この時期、親から御仕着せの服装や学用品をあてがわれる客体から脱して、日常的に購入するものを自ら判断し、消費へと向かう存在へと変貌したのではないだろうか。

そこでは、一九五〇年代終わりに家庭に入り込んだテレビが大きな役割を果たしたとみられる。一九五九（昭和三十四）年にNHKのテレビ登録数が三〇〇万に達し、一九六二年には一〇〇〇万を突破した。およそ二世帯に一台の割合で普及したことになる(10)。身近になったテレビをとおして子どもたちは商品経済に巻き込まれていった。

一九六〇年代前半に始まり、子どもたちの心を捉えたテレビアニメのスポンサーは、明治製菓（「鉄腕アトム」一九六三年）、森永製菓（「狼少年ケン」一九六四年）、江崎グリコ（「鉄人28号」一九六四年）などの大手菓子メーカーだった。さらに一九七〇年代初めには小学校低学年を中心に「仮面ライダー」ブームが起こり、菓子類だけでなく、衣類、玩具、文具など人気キャラクターをデザインした商品が子どもの購買意欲をそそった。こうした「子ども市場」の形成・確立の背景には、高度経済成長期における家庭所得の上昇に支えられた子どもの小遣いの高額化とその使い方を子どもの自主性に委ねようという家庭教育論、小遣いの日払い式から月ぎめへの転換があったとされる(11)。

一九六〇年代初めに「現代っ子」ということばの生みの親として知られ、マスコミの寵児ともなった教育評論家の阿部進は、「現代っ子」を「現代に強い子ども」という意味で用いたといい、ときに「消費文化の申し子たち」とも呼んでいる(12)。また阿部は、一九六二年に出版した『現代っ子採点法』で「現代っ子」をみる「ものさし」として五段階の採点表を示し、「お金」に対する子どもの考え方について、「お金はあまりつかわないし、ほしくもない」という子どもの評点は「1」、「お金はあれば、あるほどよい。貯金をする」は「3」、それに対して「お金は『生きもの』生かして使えば、ゼッタイだ」と考える子どもは「5」だと高く評価している(13)。この本は一〇万部以上売れたという(14)。大衆消費社会に積極的に対応する子どもを肯定的に認めることが人びとのあいだで受け入れられつつあった。

高度経済成長の末期、一九七一年五月三日付の『朝日新聞』は「こども銀行　続々閉店」という見出しの記事を掲載した。記事は「一時は全国で三万校を越える小中学校に設けられ、戦後の貯蓄増強に一役買った『こども銀行』の中に店じまいするものがふえ、ついに二万校を割ったことが一日までの文部省などの調べでわかった」と報じた。そのうえで記事は「子ども銀行」の減少の原因について「年々先生の雑務がふえ、複雑なこども銀行の事務を先生たちが背負いきれなくなったこと」と並んで「消費生活の向上につれて子どもたちの間にも、『貯蓄より消費』の気風が強くなったこと」を指摘した。

「子ども銀行」は、もともと子どもたちの消費（無駄遣い）を抑制することを目的として始まり、また消費を抑制することで成り立つものだった。たしかにベーゴマやメンコなど、子ども向けの商品はすでに一九二〇年代以降、子どもたちの周辺に存在していた。しかし、高度経済成長は、それまでとは次元の異なる質と圧倒的な量の商品を子どもたちの目の前にテレビをとおして並べることでその消費への志向を強力に刺激し続けた。「消費の主体」となった子どもたちには、「子ども銀行」はもはや色あせて見えたに違いない。

2　衰退する「子ども銀行」

相次ぐ不祥事

しかし、先に述べたように、この時期、一般に家計貯蓄は堅調に推移していたから、子どもが「消費の主体」となり、「貯蓄より消費」の気風が高まったことだけで「子ども銀行」の減少が説明できるわけではない。

減少の背景には、「子ども銀行」の発足当初から発生していた弊害も見逃せない。早くも一九五〇（昭和二十五）年八月三日に大蔵省銀行局長が知事に対して「最近これら児童生徒と直結する教官等において、子供銀行の預金を横領消費し、或いは不正融資する等法的に違反事項と認める事実」が生起しているとして、学校責任者による指導監督の徹底、親銀行による即日集金、月末預金現在高の公表などを通知した(15)。教師による不正を防止しようとしたのである。

だが、不祥事を引き起こしたのは教師だけではなかった。一九五一年六月二十二日付『朝日新聞』の社説「子供銀行はこれでよいか」によると、京都の中学校で「子ども銀行」の勘定係だった生徒による預かり金の横領が発覚した。事件を踏まえて社説は、「果してこの仕事は、小、中学生たちの心情の発達に即応していて、教育活動の一部として扱うのにふさわしいものであるかどうか」再考すべきではないかと問題提起をしている。

犯罪行為以外にも問題点は早くから指摘されていた。一九五二年四月四日付の『毎日新聞』は、「最近の傾向として子供たちは貯蓄高を競い合いお小遣いを節約して貯蓄するのでなく両親に無理じいして百円、二百円、あるいは五百円、なかには千円も持って行くものがあり、子供銀行設立の趣旨から逸脱して行く傾向が強くなり、これでは意味をなさないと新学期を前に批判の声が出てきている」と報じている。

こうした状況に対して、前に一部紹介した一九五三年五月の大蔵省銀行局長と文部省初等中等教育局長の共同通牒は「最近その取扱について、ややもすれば行きすぎていると認められるものもある」として、「子ども銀行」は「教科以外の活動」ないし「特別教育活動」として行なわれるのが一般的だが、その際、教育課程全体との関連、生活指導との関連に配慮すること、競争心をあおらないよう個人別の預金額は発表せず、また貯蓄できない子どもにも配慮することなどを指示した。

しかし、不祥事の根絶は困難だった。一九五四年二月十三日付の『読売新聞』によれば、東京都多摩郡の「現職の小学校校長が係の職員と共謀、生徒たちのおこづかいをためてつくった子供銀行の預金十六万余円を勝手に引出し横領、遊興費に使っていた」という事件が発覚している。批判の声も一向にやまなかった。同年十月十九日付の『読売新聞』には「子供銀行が大臣に表彰された名誉ある学校のカゲには、苦しい家計をきりつめている家庭が数多くあるのを、先生方や関係官庁の方方には知られていない。……子供銀行も再検討すべき時期にきていると思う」という福島県の公務員からの投書が掲載されている。

『学習指導要領』の再改訂

右のような大衆消費社会の到来や不祥事の発生が「子ども銀行」の衰退の背景にあったことは間違いない。だが、より直接的な原因の一つとして、『学習指導要領』が一九五八（昭和三十三）年に再改訂されたことにも注目しなければならない。この改訂によって小学校における「教科以外の活動の時間」は、「特別教育活動」と「学校行事等」になった。「特別教育活動」は、「児童会活動、学級会活動、クラブ活動などを行うものとする」とされたのだが、この時、「子ども銀行」についての記述が削除されたのである。中学校に関しては、この前年に『中学校学習指導要領　職業・家庭科編』が改訂された際、「子ども銀行」への言及はなくなっていた。一九五八年の新『学習指導要領』では「職業・家庭科」そのものが「技術・家庭科」に再編された。「子ども銀行」は、これ以後『学習指導要領』に復活することはなかった。

一九五八年改訂は、『学習指導要領』の歴史における大きな転換点として知られている。第一に、この改訂により、それまで表紙にあった「試案」の文字が削除され、『官報』で告示されて『学習指導要領』に「法的拘束力」が付与された。教育課程が「下」から作り上げるものから、「上」から「下」に与えられるものへと転換したのである。第二に、従来の経験主義に基づく教育の結果、子どもたちの基礎学力が低下したとして「こどもたちの身辺にあるところの事柄を雑然と教えるのではなく」「もう少し系統的に学修を整理していく」ということばが示すように系統主義の考え方への転換が図られた。同時に、教える内容が増え、授業時間も増加していくことになった。必然的に子どもや教師は忙しくなっていく。

「子ども銀行」の記述は、どうして『学習指導要領』のなかから削除されたのだろうか。新『学習指導要領』の実施を目前に控えた一九六〇年九月に、文部省初等中等教育局の教科調査官、小・中学校の教師、親金融機関や貯蓄増強中央委員会の代表者、大蔵省銀行局貯蓄奨励官を集めて開かれた「学校教育と『こども銀行』との結びつきを語る」座談会でのやり取りのなかに探ってみたい(16)。

初めに大蔵省の貯蓄奨励官の根津恭が「子ども銀行」は「学校内で現在どのように扱われているか」と問いかけると、一人の教師から、新しい『学習指導要領』には「子ども銀行」についての記述がない、との指摘がなされた。これに対して、文部省初等中等教育局中等教育課の教科調査官の飯田芳郎は、中学校の特別活動の指導書に「こども銀行係」の例示はある、と答えたうえで、「子ども銀行」の教育課程上の位置づけについて「定説がない」との理由で『学習指導要領』には示されなかったに過ぎない、と述べた。また、同じく初等教育課の教科調査官の青木孝頼は、『学習指導要領』が「学校内で必ず教科としてしなければならないことを規定するためにあるものだということをご承知願いたい。だから今の段階で『こども銀行』を全ての学校に強制的にやれと規定するものではないのです」と説明した。「子ども銀行」の開設は「各学校の判断にまかせた」という立場を強調したのである。

これに対して貯蓄増強中央委員会事務局次長の土橋一郎は、「文部省としては、特活、学校行事その他の教育活動、地域社会の教育活動の四つのもののどれかに『こども銀行』は入ると考えておられるわけですね」と改めて問うた。これを受けて青木は、強制になってしまうため、「まだやっていない学校に対して『こども銀行』は、この四つのうちの何ずれかに入るべきものだとはいいきれない」と答えた。

こうしたことから、「子ども銀行」を学校教育のどこかに明確に位置づけることで実効性を高めたいと考える大蔵省・貯蓄増強中央委員会に対して、文部省は『学習指導要領』が法的拘束力を持つことになったため、そのなかに「子ども銀行」について書き込むと、すべての学校での強制実施につながってしまうのではないか、との判断から、それを回避したことがうかがえる。

しかし、文部省はたんに「子ども銀行」の一律実施を避けたわけではない。飯田は「とかく外部が熱心なあまり、圧力団体的に呼びかけられ、学校側がおつきあいにやるようなことを懸念するものです」と述べている。青木も「おたずねしたいと思うのは『こども銀行』の管理委員会という組織です。学校の教師以外の人が多数名前をならべています。これも相談相手ぐらいなら問題はないのですが、管理委員会の下に『こども銀行』が運営されるとしたら、学校の主体性はどうなるかという疑問も生じてくる」と続けた。

「管理委員会」というのは一九五六年五月の大蔵省銀行局長と文部省初等中等教育局長との共同通牒で、「子ども銀行」の「確実そして円滑な運営、健全な発達のため」に特設が学校に要請された組織だった(17)。教職員代表、「子ども銀行」代表、ＰＴＡ代表、親金融機関からの代表、学識経験者で構成するとされたが、文部省は管理委員会のあり方に疑念を抱いていたのである。これに対し根津は「この管理委員会というのは、たとえば利子の配分などについて問題が出ると困るので、第三者、つまり町の教育委員会関係者とか親金融機関代表者にも入ってもらい、学校だけに責任を負わせないようにした、カバーするためにあるので、外部の人たちに牛耳らせようとしたものではありません」と説明した。とはいえ、このやりとりから文部省が一律実施になると管理委員会の運営如何によっては、「子ども銀行」ひいては学校が外部の力によって思わぬ方向に引きずられていってしまう危険性が高まるのではないかと懸念していたことがうかがえる。

「『こども銀行』運営要領」

こうして一九五八（昭和三十三）年改訂により『学習指導要領』から「子ども銀行」の記述は消えた。だが、教育課程における「子ども銀行」の位置づけは、一九六六年以降、大蔵省銀行局長と文部省初等中等教育局長の連名による通知「『こども銀行』の運営について」のなかに示された「『こども銀行』運営要領」（以下、「運営要領」と記す）によって改めて規定されるようになった。通知は大蔵省銀行局長と文部省初等中等教育局長との連名ではあったが、主導したのは大蔵省銀行局側だったとみてよい。後述するように、『学習指導要領』改訂の時期や内容と正確に対応していないし、後にこの通知廃止の提案が大蔵省の再編により発足した金融庁側からなされることがそのことを示唆している。

最初の「運営要領」は、一九六六年五月十三日に従来の「子ども銀行」に関するすべての通牒を廃止して出された「『こども銀行』の運営について」(18)で示された。そこでは、「子ども銀行」の「定義」から「目的」「運営の基本」「運営の基準」「指導にあたって留意すべき事項」「親金融機関が留意すべき事項」まで詳細に規定がなされた。そのうちの「運営の基本」において、「子ども銀行」は「たとえば児童生徒の自主的自発的な活動による場合は特別教育活動とし、また、主として学校が計画し実施するものについては学校行事等として位置づけることが考えられる」とされた。「子ども銀行」の教育課程上の位置づけを明示することでその建て直しを図ったとみられる。

この「運営要領」は、一九七一年三月二十日に「学習指導要領の改訂」と「これまでの実施の経験」に基づいて改訂された(19)。修正された主な点は次の三つである。

第一は、「子ども銀行」について「たとえば、特別活動のなかの児童活動または生徒活動もしくは学級指導に位置づけて実施されることが考えられる」としたことである。これは一九六八年改訂『小学校学習指導要領』と一九六九年改訂『中学校学習指導要領』によって、教育課程が四領域（教科、道徳、特別教育活動、学校行事）から三領域（教科、道徳、特別活動）に再編されたことに対応したものだった。「特別活動」は「児童活動（生徒活動）」「学校行事」「学級指導」の三つからなっていたから、「学校行事」に位置づけるという従来の考え方を排除したことになる。「子ども銀行」は学校が主導するのではなく、子どもが「自主的自発的」に実施するものだという見方を強めようとしたものと思われる。

第二に、「子ども銀行」の実施回数について、一九六六年の「運営要領」では「標準としては、小学校においては月一～二回程度、中学校以上においては月二～三回程度とし、習熟度、特殊事情（夏、冬休み明け等）により適宜増すようにする」となっていたのに対して「少なくとも毎月一回は実施することが望ましい」となった。回数を減らすことで子どもや教員の負担を軽くしようとしたものとみられる。

第三に、一九六六年「運営要領」にあった「通常、児童生徒数二〇名に対し係員一名をおくことが適当である」、「係員の選定は、児童生徒の適性、能力ならびに生活環境を考慮して定める」という文言が削除され、「付利事務は中学校にあつては生徒において、小学校にあつては親金融機関の協力を得て行なえるよう指導する」という文言が「付利事務は親金融機関の協力を得て行なえるよう指導する」と改められた。この点も係員となる子どもを面倒な利子計算の事務から解放することにより、負担軽減を意図した修正だった。

「運営要領」は一九九五年三月二十二日に再度改訂された(20)。そこでは第一に、「子ども銀行」は「例えば、学級指導等に位置づけて実施することが考えられる」とされた。一九七一年「運営要領」の文言と比べると「児童活動」「生徒活動」が削られたことがわかる。この間、『学習指導要領』は一九七七年と一九八九年の二回改訂されている。前者の改訂では「特別活動」の内容が「児童活動」「学校行事」「学級指導」とされていたが、後者の『学習指導要領』の「特別活動」は「学級活動」「児童会活動（生徒会活動）」「クラブ活動」「学校行事」を内容としていた。

第二に、実施回数が「少なくとも二カ月に一回は実施することが望ましい」となった。一九七一年「運営要領」に比べて回数が削減されたことになる。

第三に、「記帳に当つては、パソコン等の情報機器を活用することも考えられる」、「『こども銀行』の全体の金銭の取りまとめにおいて、その総額が多額となるなど、その事務が児童生徒及び教員にとつて過重な負担となる場合には、親金融機関の協力を得て、これを行うことは差し支えない」という文言が付け加えられた。第二、第三ともに子どもや教師の負担軽減を意図したものだったといえよう。

右に述べてきたように、一九六六年以降、教育課程における「子ども銀行」の位置づけは、大蔵省と文部省の共同通知に基づく「『こども銀行』運営要領」で示されることになった。「運営要領」は『学習指導要領』の改訂とゆるやかに連動しながら、子どもや教師の負担を軽減する方向で改変されてきた。しかし、そもそも「子ども銀行」は、子ども自身が貯金事務に携わることに教育的意義を見出してきたはずである。負担を考慮して親金融機関が援助する範囲を広げていくと、最終的には学校貯金とかわりがなくなってしまう。「子ども銀行」は、衰退を食い止めるために子どもや教師の負担軽減を図ることが自らの存在意義を削ぎ落とすことになってしまうという矛盾に苦しんでいたのである。

3　「子ども銀行」の閉店

「子ども銀行」からの政策的撤退

その後も、「子ども銀行」の減少に歯止めがかかることはなかった。図17（一五〇ページ）をみると、一九六九（昭和四十四）年に五八パーセントあった設置率が一九八三年には四〇パーセントを割り込み、利用者率も四〇パーセントから二〇パーセント近くにまで落ち込んだことがわかる。「子ども銀行」の実態調査は一九八四年にいったん途切れ、一九八六年に再開されたが、その年、「子ども銀行」は一万〇五七六行で二九パーセント、利用者数は二四三万三〇〇〇人で一五パーセントにまで下落した。調査もこれが最後となった(21)。

ついに二〇〇一(平成十三)年四月四日、省庁再編後に大蔵省銀行局の所掌事務を引き継いだ金融庁の総務企画局長と文部科学省初等中等教育局長が連名で「『「こども銀行」運営要領の改訂について』通知の廃止について」を各都道府県の教育委員会委員長と知事に宛てて発した(22)。金融庁の決裁文書によれば、起案は三月二十七日、文部省側の原議書では三月三十一日となっている。金融庁側が廃止に踏み切る判断を下したことがうかがえる。

この通知によって「『こども銀行』運営要領」が廃止されることになった。「最近の金融環境の変化の中で、金融分野における消費者教育の充実が求められておりますが、こども銀行活動は、児童生徒に対する金銭教育の一つとして意義があるものと考えており、当該通知の廃止は、各学校の創意工夫によるこども銀行活動を否定するものではない」との申し添えはなされていたが、通知の廃止は金融庁と文部科学省が「子ども銀行」への関与からの撤退を事実上宣言するものだったとみることができる。

なぜ通知は廃止されたのだろうか。それは、金融庁の決裁文書によれば「昨今、貯蓄そのものを奨励する状況になく、また、中央省庁の再編に伴い、金融庁の所掌事務が『国民貯蓄の奨励』から『金融に関する知識の普及に関すること』に改正されたこともあり、金融分野における消費者教育を推進する観点から当該運営指導事務を見直す必要がある」との現状認識に基づくものだった(23)。要するに「貯蓄から投資へ」と金融政策の基調が転換したことが通知廃止の中心的な理由だったのである。

一方、郵政省も二〇〇七年三月をもって「こども郵便局」そのものを廃止することにした。「優良こども郵便局表彰」も二〇〇六年度は行なわないことになった。学校側が事務の煩雑さを忌避したことや参加校の減少、さらには郵政民営化を控えてのリストラ策の一環だったともいわれている（『朝日新聞』二〇〇六年十月十七日付）。

衰退、そして終焉へ

結局、「『子ども銀行』の時代」は長くは続かなかった。その衰退・終焉の原因については以下のように整理することができる。

第一は、高度経済成長にともなう大衆消費社会の到来とそのなかでの「消費の主体」としての子どもの誕生である。「子ども銀行」は、もともと「消費」への対抗実践として始まったはずだが、子どもたちはテレビなどをとおして商品経済に巻き込まれ、「貯蓄より消費」へと流されていった。

第二に、「子ども銀行」の開始直後から発生していたさまざまなトラブルとそれへの批判をあげることができる。金融当局や文部省の通知は繰り返し出されたが、トラブルを根絶することはできず、そのため「子ども銀行」への批判が高まっていった。

第三は、教育課程にかかわるものである。すなわち、『学習指導要領』から「子ども銀行」に関する文言が削除されたこと、そして教育課程の基本的な原理が経験主義から系統主義に転換したことである。経験を通じて学ぶよりも、系統的な知識を効率よく身につけることが重視されるようになった。後者の学習観に立つならば、時間も手間もかかる「子ども銀行」はあまりに迂遠な方法にみえただろうし、それが理由となって「子ども銀行」が忌避されるようになったことも想像に難くない。

学習観の転換とかかわって第四にいえるのは、子どもと教師の多忙化である。教育内容が増え「現代化」=高度化するとともに授業時間数が増加した。これと併行して受験競争が激しくなった。塾に通う子どもも多くなり、放課後に「子ども銀行」を運営していく余裕が失われた。このため「『こども銀行』運営要領」は子どもや教師の負担を軽減する方向で繰り返し改変されたが、そのこと自体が「子ども銀行」の存在意義をさらに削いでいった。

第五に、小・中学校の施設設備の整備を促進するための法的整備が進んだことである。なかでも一九五八(昭和三十三)年に「義務教育諸学校施設費国庫負担法」が制定され、小・中学校の新増築にかかる費用の二分の一を国庫が負担するようになったことが大きかったと思われる(24)。高度経済成長期に入って地方の教育財政にも比較的余裕が出てきた。一九六〇年代初めにベビーブーマーが新制中学校を通過し、校舎や教室の増設の必要が一息ついたことも教育財政を救うことになったとみられる。学校の施設設備の整備が「子ども銀行」の貯金に裏づけられた起債や「見返り融資」、「利子流用」に頼らなくともやっていけるようになったのである。

そして決定的だったのが、「貯蓄から投資へ」という金融政策の基調転換だった。これを受けて、「子ども銀行」への政策的関与は取りやめになった。「子ども銀行」は、こうして私たちの前から姿を消していくことになったのである。

終章

「子ども銀行」とは何だったのか

「子ども銀行」の社会史

本書で述べてきた学校貯金に始まる「子ども銀行」の歩みをまとめておこう。

学校貯金は、郵便貯金制度の導入から間もない明治十年代に、学校貯金の創始国であるベルギーの制度をモデルとして日本に紹介された。文部省の在外官吏からの報告や逓信省によるベルギーの学校貯金に関する文献の翻訳・刊行、お雇い外国人教師パウル・マイエットの取り組みが媒体となった。なかでもマイエットが行なった大日本教育会での演説や政府に対する直接的な働きかけが大きな役割を果たした。その結果、まずは政府内部で学校貯金制度の検討が進むことになった。

だが、学校貯金制度の法制化が実現することはなかった。しかし、石川県など、都市部ではなく経済的にはむしろ周辺的な地域から、子どもたちに近代的な勤倹貯蓄の習慣を身につけさせることを目的とした実践的な訓育の方法として学校貯金に関する規程が制定されることで、その実践が始まり、次第に全国に広がっていった。背景には、勤倹貯蓄に通じる「恭倹」の徳目を内包した教育勅語の発布や、それに基づく修身科や算術科など各教科での教育実践があった。その一方で、学校貯金には、それによって教師の多忙化などの弊害が発生する、もともと日本には子どもに金銭を持たせない「国風」がある、効果はない、などといった批判が投げかけられていく。

しかし、こうした批判は、基本的に方法上の工夫や改善によって克服されるものだった。とりわけ一九〇〇（明治三十三）年に逓信省によって導入された郵便切手貯金制度が学校貯金の急激な普及の端緒となった。勤倹貯蓄を奨励するメディアとしての意味をも付与された台紙に一枚一枚切手を貼付するという切手貯金は、たちまち子どもたちを魅了し、教師の手間を省いて学校貯金の弊害を克服した。この制度の導入からわずか二年後の一九〇二年には五校に一校が学校貯金を実施するようになっていたのである。

さらに日露戦時下においては軍資補給とインフレーション抑制を目的として、日露戦争後にはそこに「生産資金の増殖」が加わり、勤倹貯蓄奨励策が強力に展開された。一方、学校貯金普及の起爆剤となった切手貯金は、第一次大戦ごろから、小作農民等、下層の人びととの生活意識が変容するなかで利用者が減少に向かった。そして切手貯金は、関東大震災を機として基本的に停止され、その後、廃止が検討されていく。他方で、政府はその後も財政的裏づけを得た懸賞募集などを投入した積極的な勤倹貯蓄奨励策を繰り返していく。こうして貯金をする小学生は、ほぼ順調に増加し、一九二五年ごろには一〇〇人当たり五〇人の小学生が貯金をするような状況に至った。

総力戦体制下において学校貯金はさらに強力に推進された。一九三七（昭和十二）年以降、国民精神総動員運動の一環として国民貯蓄奨励運動が展開され、ほとんどすべての小学生たちが貯金をするようになった。子どもたちに貯金が全面化したのである。しかし、貯蓄奨励策はそれで終わりではなかった。廃止するはずだった切手貯金制度が形を変えて再開された。貯蓄増加目標額が数値化され、府県単位、地域単位、さらには学校単位に示されて、子どもたちの手元に残されたわずかな金銭まで徹底的に吸い上げることがめざされた。そのなかで、子どもたちは、貯金をすることが戦争遂行という国家目的に直結するものであることを明瞭に認識していくことになった。

アジア太平洋戦争の終結後、新学制の発足から間もなく、子どもたち自身が貯金事務に携わる「こども銀行」と呼ばれる新たな実践が始まった。大阪市の南大江小学校で、子どもたちの校外生活指導の一環として試みられたこの取り組みは、戦前以来の学校貯金の経験を基盤に、子ども向けメディアの働きもあって、瞬く間に全国各地に広がっていった。それは、政府や地方当局、日本銀行、貯蓄増強中央委員会による強力な奨励、子どもの自発性や経験を重視する経験主義の方針に合致したこと、不足する施設整備費を補填する役割が期待できたことなどが要因だった。『学習指導要領』に「子ども銀行」の記述が登場した一九五一年度には、全小・中学校の七〇パーセントに相当する学校で「子ども銀行」が開設されるようになり、貯金をする子どもたちの割合も戦前における到達点の水準に戻ったのである。

ところが、「『子ども銀行』の時代」は長くは続かなかった。背景には、高度経済成長による大衆消費社会の出現、「消費の主体」としての子どもの登場があった。「子ども銀行」は子どもたちの消費の抑制を意図した実践だったはずである。しかし、大衆消費社会の大波は「子ども銀行」の土台を次第に浸食していった。さらには、教師や係の子どもによる貯金の着服事件といった醜聞の発生に加え、『学習指導要領』からの文言の削除、学力低下批判を背景とした教育課程の経験主義から系統主義への原理的転換、それにともなう教師や子どもたちの多忙化、教育施設の一応の整備などによって、「子ども銀行」を閉鎖する学校が相次いだ。大蔵省銀行局長と文部省初等中等教育局長の共同通知のなかで『「こども銀行」運営要領』が示されるなど、建て直しが試みられたものの、一九六〇年代以降、「子ども銀行」は衰退の一途をたどったのである。

「子ども銀行」の減少と存在意義の希薄化が進むなか、世紀転換期以降の「金融環境の変化」を背景に「貯蓄から投資へ」と金融政策の基調が転換したことを踏まえ、政府は「子ども銀行」への関与からの撤退を決めた。こうして戦後、一世を風靡した「子ども銀行」はほとんどその姿を消すことになったのである。

交錯する〈教育の論理〉と〈金融経済の論理〉

右のようにまとめられる、「子ども銀行」の社会史を〈教育の論理〉と〈金融経済の論理〉との関係性の視点から見直してみよう。

もともと学校貯金は、子どもたちに近代的な勤倹貯蓄習慣を身につけさせるという〈教育の論理〉を正面に掲げて始まった。だが、その制度化に終始積極的だったのは、農商務省や逓信省、大蔵省などの金融・財政当局であり、文部省は関心を寄せながらも、基本的には慎重な姿勢を崩さなかった。そのため、政府内において「学童貯金法」や「学校貯金法」の構想は繰り返し浮上したものの、結局は逓信省令として「郵便切手貯金規則」が出されるにとどまった。それは、主として文部省が小学校への就学者の増加など、その時どきの教育にかかわる政策課題を優先させたことによる。だが、それ以上に、学校という、教育を目的とした場が〈金融経済の論理〉によって支配されることを教育の世界の内部においては〈教育の論理〉の「支配者」であり、外部に対しては自らの権益保全に腐心する文部省が強く警戒したためだったとみられる。

しかし、政府による強力な勤倹貯蓄奨励策が戦争や災害ごとに繰り返されていくなか、学校貯金は全国に広がり、着実に根づいていった。そして、アジア太平洋戦争期の総力戦体制の下では、学校ごとの数値目標さえ掲げられ、それを達成すべく貯金することが目的とされるようになった。その結果、「無理をしても貯金するが戦時下の本当の貯蓄だ」ということばが端なくも示すように、〈金融経済の論理〉が最優先され、〈教育の論理〉はそのなかに飲み込まれてしまったのである。

これに対して「子ども銀行」は、敗戦直後の子どもをめぐる厳しい状況に直面した教育現場のなかから、戦後新教育が重視した経験主義という〈教育の論理〉に支えられて誕生した。学校貯金を現場なりの〈教育の論理〉に回収することをめざして始まったといいかえてもいいだろう。子ども向けメディアなどの関心を集めるなか、「子ども銀行」は一九五〇年代初めには『学習指導要領』にも登場することになった。しかも、政府や日本銀行、貯蓄増強中央委員会等による貯蓄奨励策や地方教育費の補填という〈金融経済の論理〉とあいまって、「子ども銀行」は短期間で急激に増加した。

しかし、大衆消費社会が到来するなか、〈教育の論理〉そのものが知識を重視する系統主義へと転換し、『学習指導要領』に法的拘束力が付与されると、同時に「子ども銀行」はそこから姿を消した。これは、文部省が「子ども銀行」を全国一律に導入することには慎重だったことと、「子ども銀行」が〈金融経済の論理〉という、教育の外部からの力によって支配されてしまうことを危惧したことによるとみられる。かわって金融当局の主導により『こども銀行』運営要領」が出され、それによる梃入れがはかられたものの、一九六〇年代以降、「子ども銀行」の衰退に歯止めがかかることはなかった。

やがて世紀転換期を迎えると、〈金融経済の論理〉の内部においても「貯蓄から投資へ」と政策基調に転換が起こり、政府は「子ども銀行」から手を引くことになった。こうして、「子ども銀行」は終焉を迎えることになったのである。

「子ども銀行」は、子どもたちをめぐる切実な課題に直面した教育現場において、学校貯金という経験をもとにその仕組みを組み直すかたちで、いわば自然発生的に始まった。金融当局はそこに目をつけ、インフレーションの抑制や資本蓄積のため、熱心にときには半ば強制的に「子ども銀行」を奨励した。これはどこまでも〈金融経済の論理〉に基づく行動だった。一方で文部省も、当初、子どもや学校の自発性を尊重しなければならない立場にあり、また「子ども銀行」には不足する地方教育財政を補填する役割もあったため、金融当局の動きに追随した。文部省の動向は、全体として「子ども銀行」を〈教育の論理〉によって秩序づけることを意図したものではあったが、それは、教育の現場において要請された〈教育の論理〉を保全するためというよりも、あくまで文部省自身が支配する領域を〈金融経済の論理〉に突き動かされる外部勢力から防御するためのものだったとみることができる。

「子ども銀行」の終焉後、それにかわって登場した「金融（経済）教育」は、金融当局の主導で進められている。そこには、経済のグローバル化が急速に進むなか、かつてのように〈金融経済の論理〉が肥大化し、〈教育の論理〉を飲み込んでしまうような懸念はないのだろうか。重要なのは、〈金融経済の論理〉に支配されるのでなく、むしろそれをコントロールできるよう〈教育の論理〉が働く環境を十全に整えていくことではないかと考えられよう。

註

●序章　交錯する教育と金融経済

1　「金融経済教育研究会報告書」二〇一三年四月〈http://www.fsa.go.jp/news/24/sonota/20130430-5/01.pdf〉二〇一五年十月十九日最終閲覧。「金融経済教育研究会」とは、二〇一二年十一月に金融庁金融研究センターが設置したもので、二〇一三年四月まで七回にわたって開催されたものである。メンバーには金融広報中央委員会事務局長や日本総合研究所理事、金融業界、大学の金融研究者などが名前を連ね、全国銀行協会、日本証券業協会、投資信託協会、生命保険文化センター、日本損害保険協会、文部科学省、消費者庁からの出席もなされていた。資産の有効活用、具体的には金融資産からの日本経済の「成長資金」の供給と、資産保有者の適切なリターン享受の両立を課題とし、そのための「金融リテラシー」の向上をいかに図るかが議論されたという。

2　金融広報中央委員会は、一九五二年に貯蓄増強中央委員会として発足し、一九八八年に貯蓄広報中央委員会と改称された後、二〇〇一年から現在の名称となった。同委員会は、「都道府県金融広報委員会、政府、日本銀行、地方公共団体、民間団体等と協力して、国民に対し中立公正な立場から金融に関する広報又は商社教育活動を行い、もって国民経済の健全な発展に資することをその目的とする」という（「金融広報中央委員会規約」）。委員は、金融団体、経済団体、学識経験者、日本銀行副総裁からなる。同委員会は、「金融教育支援」と「金融知識普及」の二つを活動の柱としており、各都道府県金融広報委員会や関係団体と連携しながら、小・中・高校での金融教育のあり方や指導計画例を取りまとめ、公表してきた。

3　金融広報中央委員会編『金融教育の手引き』二〇一三年三月、一ページ〈http://www.shiruporuto.jp/teach/school/tebiki/pdf/tebiki.pdf〉二〇一五年十月十九日最終閲覧。

4　よく知られているとおり、安丸良夫はこうした通俗道徳が社会の諸矛盾を隠蔽し、支配秩序を安定化させてしまう一方、民衆による社会変革への意識に転化しうるものでもあったことを指摘している（安丸良夫『日本の近代化と民衆思想』青木書店、一九七四年）。

5　有元正雄『真宗の宗教社会史』吉川弘文館、一九九五年、を参照。

6　テツオ・ナジタ著／福井昌子訳『相互扶助の経済——無尽講・報徳の民衆思想史——』（みすず書房、二〇一五年）はそのことを指摘している。

7　有元正雄は、真宗の門徒たちの場合、幕末・維新期には「資本主義制度」という「新しいシステムを受容するにほとんど心理的抵抗のない処まで辿り着いていたのである」と論じている（有元正雄、前掲書、一六八ページ）。だが、そうだとしても、近世的な精神世界に生きる人びとの生活様式と近代的なシステムの受容とのあいだには、放置しておいたのではなおまだ越えがたい隔たりがあったのではないかと思われる。近世において「勤勉と節倹」がもたらした「富」を「寺院への喜捨」や「貧人・難渋者の救恤」などにあてていた門徒たちが近代的な金融機関を利用するようになるには、真宗の教義や倫理とはまったく異なる西洋的な知識や作法――たとえば、銀行や郵便局とはいったい何か、それらを利用するにはどうすればよいのかといったこと――を身につけねばならかったはずだからである。

8 黒島伝治「彼等の一生」小田切秀雄・壺井繁治編『黒島伝治全集』第一巻、筑摩書房、一九七〇年、二一八ページ。

9 たとえば、一九六二年に刊行された文部省調査局編『日本の成長と教育――教育の展開と経済の発達――』は、日本の「経済の急速な成長は、明治末年以来一五～二〇％という高い貯蓄率に依存」してきたと述べている（九二ページ）。

10 前島密『鴻爪痕』前島会、一九五五年、九六～九七ページ。

11 たとえば、一九四九年に刊行された『金融特報』第四一号は、「産業界からの貯蓄は余り期待できない」状況にあるなか、「子ども銀行」が「貯蓄増強の一役を買つて相当なる成績を収めていることは注目される」と伝えている（『金融特報』第四一号、一九四九年五月二十日付、二四ページ）。また、大蔵省銀行局国民貯蓄課長の天野四郎も、一九四九年度第一四半期の貯蓄状況を概観する際、「子ども銀行」に言及し、「貯金高は三億円を超え、貯蓄の増強に大きな役割を果している」と評価している（天野四郎「貯蓄概観」『金融特報』第四五号、一九四九年九月十五日付、五～六ページ）。

●第1章　学校貯金の構想

1 郵政省編『郵政百年史』吉川弘文館、一九七一年、一五七ページ。以下、郵便貯金制度については多く同書によっている。
2 迎由理男『郵便貯金の発展とその諸要因』国際連合大学、一九八一年、六ページ。
3 週刊朝日編『値段の明治・大正・昭和風俗史』上、朝日文庫、一九八七年、六〇七ページ。
4 迎由理男、前掲書、二二～二四ページ。
5 佐藤秀夫『教育の文化史3 史実の検証』阿吽社、二〇〇五年、一二一～一二五ページ。『教育雑誌』は、もともと一八七三年に創刊された『文部省雑誌』を一八七六年四月に改称したもので、さらに一八八二年十二月に『文部省教育雑誌』と改称された。これら一連の雑誌は日本で最初の教育雑誌であるとされる。
6 「学校貯金法之事」『教育雑誌』第九七号、一八七九年五月十五日付、一～六ページ。
7 佐藤秀夫、前掲書、一五五ページ。
8 『教育雑誌』は、一号当たり平均七〇〇〇部ほど発行され、府県に配布されたが、それ以外にも府県当局や民間の出版社によりかなりの部数の複製が作られたという。配布を受けた府県では行政ルートを通じてさらに下部へ送付もしくは回覧させたと考えられる。すべての小学校にまで行き渡ったかどうかは不明だが、各府県レベルの学務担当者だけでなく現場教員レベルにまで普及させようとしていたと推測されている（佐藤秀夫、前掲書、一六四～一六五ページ）。
9 磯見辰典ほか『日本・ベルギー関係史』白水社、一九八九年、一〇六～一〇七ページ。
10 同前、一六一～一六三ページ。
11 フランソワ・ローラン著／森則義訳『老蘭氏学校貯金説』逓信省総務局記録課、一八八六年。ローランは、ルクセンブルク生まれで、一八三五年から八〇年までゲント大学で民法の教授を務めていた（湯川元一『学校貯金論』金港堂、一九〇五年、七五ページ）。

12　大植四郎編『明治過去帳』東京美術、一九七一年、一一一五ページ。なお、貯金事務は東京の本局でのみ取り扱われてきたが、一八八五年十月から、全国五局で分任することになり、赤間関は、東京、大阪、仙台、函館と並ぶ局として、九州全県と山口県、沖縄県を管轄することになっていた（『朝日新聞』一八八五年九月四日付）。

13　フランソワ・ローラン著／広瀬惟孝訳『白耳義国学校生徒貯金法』泰山書房、一八八七年。

14　羽賀祥二「パウル・マイエット――「亜細亜ノ孛魯西国」＝日本の改革――」『立命館大学人文科学研究所紀要』第五九号、一九九三年。

15　実際、報告書は翻訳されて関係者に供されていた。このことは、一八八二年九月に、元文部大輔で、司法卿を務めていた田中不二麿がマイエットに報告書への礼状をしたためていることから確認できる。回送されてきた「学校貯金預リ所創立」に関する報告書の翻訳を読んだ田中は、それが「頗ル詳精ニシテ本邦ノ教育上参考裨益トナルコト」が少なくなく、かつ自分が進めた「学事」への「注意」もある、として深く感謝すると記している（「翻訳類纂」第六、内閣文庫、国立公文書館蔵）。

16　パウル・マイエット著／大村仁太郎訳『教育家必携　駅逓局学校貯金法』大日本教育会、一八八六年。ここでは、日本銀行調査局編『日本金融史資料　明治大正編』第五巻（大蔵省印刷局、一九五六年）に復刻されたものを用いた。

17　郵政省編『郵政百年史資料集』第一巻、吉川弘文館、一九七〇年、一二七～一二八ページ。

18　「駅逓局貯金事務大蔵省共管方ノ件」松尾臣善関係文書所収。以下、太政官、農商務省、大蔵省のやりとりは同資料による。ただし、ここでは日本銀行調査局編『日本金融史資料　明治大正編』第四巻（大蔵省印刷局、一九五八年）に復刻されたものを用いた（一三三七～一三四〇ページ）。

19　『教育報知』第一四号、一八八五年十一月三十日付、七ページ。
20　『教育時論』第五一号、一八八六年九月十五日付、二三ページ。
21　『文部省第十三年報』一八八六年、二一ページ。

●第2章　学校貯金の誕生

1　『大日本教育会雑誌』第五七号、一八八七年六月十八日付、三一一～三一三ページ。
2　有元正雄『真宗の宗教社会史』吉川弘文館、一九九五年、一七七～一八〇ページ。
3　石川県教育会については、山谷幸司が詳細に検討している（山谷幸司「明治期石川県における教育会の組織化過程」梶山雅史編著『続・近代日本教育会史研究』学術出版会、二〇一〇年）。ここでの記述には同論文が参考になった。
4　『明治十八年度　石川県教育会議事筆記』一～五ページ。
5　同前、八八～九一ページ。
6　同前、九二ページ。
7　徳久がベルギーでの学校貯金の情報をどこから得ていたのか、気になるところである。現在、金沢大学附属図書館に所蔵されている石川県師範学校旧蔵図書にはマイエットの『教育家必携　駅逓局学校貯金法』が含まれている。また『明治十九年七月八月　石川県学事報告』第一三号には森則義訳版の『老蘭氏学校貯金説』の複製が附録としてつけられている。これらの事実から、それらを参照した可能性もある。
8　前掲『明治十八年度　石川県教育会議事筆記』九三～一〇〇ページ。

9 『明治十九年三月四月　石川県学事報告』第一一号、六〜七ページ。

10 山谷幸司は、「公設県教育会（石川県教育会）での議論は、そのままではないにせよ、県当局の施策に反映されていた」とみている（山谷幸司、前掲論文、六七ページ）。しかし、少なくとも「学校生徒貯金準則」については、県の原案が不明である以上、そのような判断にはひとまず留保が必要である。

11 『明治二十年五月六月　石川県学事報告』第一八号、一一〜一二ページ。

12 『文部省第十五年報』一八八八年、八五〜八七ページ。

13 『教育報知』第九五号、一八八七年十二月三日付、一五ページ。

14 『教育時論』第一〇四号、一八八八年三月五日付、二九〜三〇ページ。

15 『愛知教育会雑誌』第一一号、一八八八年三月、五九〜六〇ページ。

16 『愛知教育会雑誌』第一二号、一八八八年四月、四九〜五四ページ。

17 富山県教育史編さん委員会編『富山県教育史』上巻、富山県教育委員会、一九七一年、四三五〜四三六ページ。

18 島根県教育庁総務課編『島根県近代教育史』第三巻資料編、島根県教育委員会、一九七八年、八五四〜八五五ページ。

19 福島県教育委員会編『福島県教育史』第三巻、福島県教育委員会、一九七四年、五一五ページ。

20 秋田県教育委員会編『秋田県教育史』第二巻、秋田県教育史頒布会、一九八二年、五一七〜五一八ページ。

21 吉敷郡教育史編纂委員会編『吉敷郡教育史』山口県吉敷郡、一九一二年、一九三〜一九四ページ。

22 広島県山県郡教育会編『山県郡教育誌』広島県山県郡教育会、一九四三年、一九三ページ。

23 『教育時論』第一三七号、一八八九年二月五日付、三一ページ。

24 『教育時論』第二八三号、一八九三年二月二十五日付、三七ページ。
25 『教育時論』第三七四号、一八九五年八月五日付、一五ページ。
26 長崎県教育会編『長崎県教育史』下巻、長崎県教育会、一九四三年、九八〜一〇一ページ。
27 『明治二十年三月四月　石川県学事報告』第一七号、三一ページ。
28 『明治二十一年一月二月　石川県学事報告』第二八号、一〇〜一一ページ。
29 島根県教育庁総務課編、前掲書、八五四〜八五五ページ。
30 同前、八六四〜八六五ページ。
31 同前、八五七〜八五八ページ。
32 井上哲次郎『勅語衍義』上、敬業社・哲眼社、一八九一年、三九丁。
33 加舎稔編『教育勅語例解』村上書店、一八九九年。ただしここでは、日本大学精神文化研究所・日本大学教育制度研究所編『教育勅語関係資料』第九集、一九八一年、所収のものを用いた（四五六〜四五七ページ）。
34 山住正己『教育勅語』朝日新聞社、一九八〇年、一八九ページ。
35 青森県尋常師範学校編『青森県尋常師範学校付属小学校教授細目』青森県尋常師範学校、一八九三年、一一、一一六、一一九ページ。
36 埼玉県尋常師範学校附属小学校編『埼玉県尋常師範学校附属小学校教授細目』埼玉同窓会、一八九三年、二五、三三、四四ページ。
37 末松謙澄『小学修身訓』中巻、精華舎、一八九二年。ただしここでは、海後宗臣編『日本教科書大系』近代編第二巻修身二、講談社、一九六二年、所収のものを用いた（三六四〜三六五、三九一〜三九三ページ）。
38 東久世通禧著『小学修身書』国光社、一八九二年。ここでは、海後宗臣編同前書所収のものを用いた（四

八二、四九四、五〇八ページ）。
39　知多郡聯合教育会編『尋常小学教授細目』知多郡聯合教育会、一八九九年、二～一六丁。同書には教科書名として「尋常小学修身書」とあるだけだが、項目がすべて東久世通禧『小学修身書』と一致しているため、同書を用いることになっていたことがわかる。
40　桜井恵子『近代日本算術教育史――子どもの「生活」と「主体性」をめぐって――』学術出版会、二〇一四年、第二章。
41　千葉教育会編『千葉県尋常師範学校附属小学校教授細目』立真舎、一八九四年、七五ページ。
42　東京高等師範学校附属小学校編『東京高等師範学校附属小学校教授細目』東京高等師範学校紀要、一九〇三年、一四七～一四八ページ。
43　中条澄清『小学尋常科筆算書』巻二、寛裕舎、一八八七年。ただしここでは、海後宗臣編『日本教科書大系』近代編第一二巻算数三、講談社、一九六三年、所収のものを用いた（三七、四八ページ）。
44　竹貫登代多『尋常小学筆算教科書』巻三、共益商社、一八九三年。ここでは、海後宗臣編同前書所収のものを用いた（二三二ページ）。
45　この教科書は、樹下龍児『おもしろ図像で楽しむ近代日本の小学教科書』（中央公論新社、二〇一一年、一〇一ページ）で紹介されている。
46　湯原元一『学校貯金論』金港堂、一九〇五年、四六～五〇ページ。
47　同前、五五ページ。なお、シュレーエルはベルリンの学校教員だった（*Pädagogische Reform.* Jg.2. Nr.11. 1878）。彼は後に学校貯金反対論をまとめて、*Wider die Schulsparkassen*（Wittenberg, 1882）と題して出版している（藤井利紀氏のご教示による）。

48　金沢の経歴については、教育実成会編『明治聖代教育家銘鑑』第一編、一九一二年、三〇五ページ、を参照した。ただしここでは、日本図書センターから一九八九年に『教育人名辞典』として復刻されたものを使用した。
49　金沢長吉『学校貯金の必要及方法』鮮進堂、一九〇二年、二二ページ。
50　川村竹治『学校貯金振興論』警眼社、一九〇六年、四七ページ。
51　金沢長吉、前掲書、二六～二七ページ。
52　『教育時論』第六〇三号、一九〇二年一月十五日付、二七ページより重引。
53　『教育時論』第八五一号、一九〇八年十二月五日付、二四ページ。
54　『教育時論』第六六〇号、一九〇三年八月十五日付、四四ページ。
55　『教育時論』第八五一号、一九〇八年十二月五日付、二三ページより重引。
56　フランソワ・ローラン著／森則義訳『老蘭氏学校貯金説』逓信省総務局記録課、一八八六年、一一ページ。
57　湯原元一、前掲書、五二ページ。
58　金沢長吉、前掲書、一五～一六ページ。
59　川村竹治、前掲書、四六～四七ページ。
60　湯原元一、前掲書、四九ページ。
61　『教育報知』第三二一号、一八九二年六月十八日付、七ページ。
62　金沢長吉、前掲書、二五ページ。
63　フランソワ・ローラン、前掲書、二一ページ。
64　湯原元一、前掲書、五一ページ。

65 金沢長吉、前掲書、二〇ページ。
66 湯原元一、前掲書、五五ページ。
67 金沢長吉、前掲書、二三ページ。
68 川村竹治、前掲書、五六ページ。
69 金沢長吉、前掲書、二七〜二八ページ。
70 同前、四一〜四八ページ。
71 『愛知教育雑誌』第八六号、一八九四年六月、一三ページ。
72 『教育時論』第二五六号、一八九二年五月二十五日付、二八〜二九ページ。
73 川村竹治、前掲書、五七ページ。
74 金沢長吉、前掲書、一八〜一九ページ。
75 同前、三〇〜三一ページ。
76 湯原元一、前掲書、五四ページ。
77 金沢長吉、前掲書、二六ページ。
78 『教育報知』第三三六号、一八九二年九月二十四日付、五ページ。
79 フランソワ・ローラン、前掲書、二二一〜二二三ページ。
80 湯原元一、前掲書、五六ページ。
81 金沢長吉、前掲書、二二ページ。
82 『日本之小学教師』第一〇巻第一一一号、一九〇八年三月十五日付、二一一ページ。

●第3章 「貯金生徒」の増加と切手貯金

1 逓信省通信局編『学校生徒貯金実況』一九〇三年、七ページ。以下この調査の結果は同書による。なお、小学校数は、『文部省第二十九年報』の数字（一九〇一年度）を用いた。
2 逓信省貯金局編『郵便貯金の府県別職業別統計の結果を概説す』一九三六年、八四ページ。
3 『銀行通信録』第一九九号、一九〇二年五月十五日付、九一九ページ。
4 伊藤博文編『財政資料』上巻、五〇五〜五〇七ページ。ただしここでは『明治百年史叢書』第一二四巻、原書房、一九七〇年、所収のものを用いた。
5 岩崎直英『学童貯金論』交通学館、一八九二年、一一三〜一一四ページ。
6 『愛知教育雑誌』第八六号、一八九四年六月、一二〜一五ページ。
7 『東京経済雑誌』第九三一号、一八九八年六月十一日付、一二八九ページ。
8 『銀行通信録』第一六八号、一八九九年十一月十五日付、一五七四ページ。
9 『教育時論』第五三二号、一九〇〇年一月二十五日付、一七ページ。
10 千田栄美「一九〇九年文部省の全国連合教育会諮問――日露戦後天皇制教育の一断面――」梶山雅史編著『近代日本教育会史研究』学術出版会、二〇〇七年、三三六ページ。
11 『教育公報』第二二三号、一八九九年五月十五日付、一ページ。
12 『教育時論』第五六七号、一九〇一年一月十五日付、三七ページ。
13 『教育時論』第五七五号、一九〇一年四月五日付、三七ページ。
14 『教育時論』第五八六号、一九〇一年七月二十五日付、三三ページ。

15 埼玉県教育委員会編『埼玉県教育史』第四巻、埼玉県教育委員会、一九七一年、三七一～三七二ページ。
16 和歌山県史編さん委員会編『和歌山県史』近現代史料四、和歌山県、一九七八年、二六二～二六七ページ。
17 金港堂書籍株式会社編『尋常算術教科書』金港堂書籍、一九〇一年。ただしここでは、海後宗臣編『日本教科書大系』近代編第一二巻算数三、講談社、一九六三年、所収のものを用いた（三八八、三九一、四二五ページ）。
18 逓信省通信局編、前掲書、一一、二八～二九、三四、五九ページ。
19 『教育時論』第一〇五四号、一九一四年七月二十五日付、三五ページ。
20 田中光「明治期郵便貯金制度の歴史的展開――大衆資金動員システム形成に関する試論――」二〇〇八年、ISS Discussion Paper Series J-170.
21 小林輝行『近代日本の家庭と教育』杉山書店、一九八二年、一三七～一三八ページ。
22 甲府郵便局八十年誌刊行会編『甲府郵便局八十年誌』甲府郵便局八十年誌刊行会、一九五五年、一六〇ページ。
23 田中光、前掲論文。
24 逓信省郵便貯金局編『郵便貯金局郵便貯金事務史』第一編、郵便貯金局、一九一〇年、一〇一ページ。
25 名古屋教育史編集委員会編『名古屋教育史』Ⅰ、名古屋市教育委員会、二〇一三年、二四二ページ。
26 「久津美家資料」名古屋大学教育発達科学研究科教育史研究室蔵。
27 水原明窓編『日本切手百科事典』日本郵趣協会、一九七五年、三七二ページ。
28 同前、三七二ページ。
29 『教育時論』第一〇五七号、一九一四年八月二十五日付、四〇～四一ページ。

30 『教育時論』第一〇八一号、一九一五年四月二十五日付、一二ページ。
31 同前、一四ページ。
32 大門正克『近代日本と農村社会――農民世界の変容と国家――』日本経済評論社、一九九七年、六八～六九ページ。
33 『大阪市教育会報』第一六号、一九二三年四月、一四～一七ページ。
34 逓信省貯金局編『郵便貯金奨励状況』一九二三年、四二～六六ページ。
35 「自大正十二年至大正十五年　郵便貯金関係原義（一）」国立公文書館蔵。
36 水原明窓編、前掲書、三七三ページ。
37 「自大正十二年九月至昭和十四年十二月　貯金例規（一）」国立公文書館蔵。
38 同前。
39 同前。

●第4章　勤倹貯蓄奨励策の展開

1 郵政省編『郵政百年史』吉川弘文館、一九七一年、三五二ページ。以下、郵便貯金制度については多く同書によっている。
2 郵政省編『郵政百年史資料』第五巻、吉川弘文館、一九七〇年、九二ページ。
3 『教育公報』第二八一号、一九〇四年三月十五日付、に挿入されている。
4 『教育公報』第二九一号、一九〇五年一月十五日付、三～四ページ。

5 『教育公報』第二九四号、一九〇五年四月十五日付、五～六ページ。
6 岩手県教育委員会編『岩手近代教育史』第一巻、岩手県教育委員会、一九八一年、一五三四～一五三五ページ。
7 『官報』第六六二四号、一九〇五年七月二十九日付、一一五五ページ。
8 窪田祥宏「戊申詔書の発布と奉体」『教育学雑誌』第二三号、日本大学教育学会、一九八九年、一三ページ。
9 同前、一〇ページ。
10 見城悌治「日露戦後社会下の戊申詔書と勤倹貯蓄」『立命館史学』第一〇号、立命館史学会、一九八九年、千田栄美「戊申詔書の発布とその反響」『日本の教育史学』第四四集、教育史学会、二〇〇一年十月。一方で、笠間賢二は、政策的対応ではなく、少なくとも内務省当局は当初からそのような懸念をもっていたのではないかと指摘している（笠間賢二『地方改良運動期における小学校と地域社会――「教化ノ中心」としての小学校――』日本図書センター、二〇〇三年、一〇五ページ）。
11 杉浦勢之「日露戦後の郵便貯金の展開と貯蓄奨励政策」『社会経済史学』第五六巻第一号、社会経済史学会、一九九〇年六月、五二～五八ページ。
12 「預金部」とは、零細預金者の保護と財政・金融の補完を目的として一八八四年の「預金規則」により成立したものである。郵便貯金、各官庁の積立金、寺社・教会・会社その他の積立金を保管利殖し、大蔵省の指示のもと日本銀行が運用事務を取り扱うことになっていた。資金の大部分は郵便貯金が占めていたが、資金の運用は大蔵大臣の裁量にまかされており、帝国議会の拘束を受けることがなく、運用内容の公表義務もないという特異な性格をもっていた。日露戦争後において預金部は、公債を大量に引き受けていただけでなく、従来一般会計でまかなっていた鉄道や製鉄所、治水などについて特別会計を設置し、これらの事業に運転資金を貸し付けるようになったのである（迎由理男「一九〇〇年代における大蔵省預金部の機能と性格」『金融経済』第一七七号、金融経済研究所、一九七九年八月）。
13　笠間賢二、前掲書、二八二～二八三ページ。
14　『愛知教育雑誌』第二七三号、一九一〇年三月、四八～四九ページ。
15　高橋亀吉編『財政経済二十五年誌』第六巻財界篇（上）、実業之世界社、一九三二年、八三八～八三九ページ。ただしここでは、国書刊行会からの復刻版（一九八五年）を用いた。
16　同前、八五四ページ。
17　『教育時論』第一二二一号、一九一八年十二月五日付、一六ページ。
18　同前、一六～一七ページ。
19　郵政省編『郵政百年史資料』第七巻、吉川弘文館、一九七〇年、二四六～二四七ページ。
20　大蔵省編『明治大正財政史』第五巻、財政経済学会、一九三七年、七一七～七二〇ページ。
21　『教育時論』第一二二九号、一九一九年二月二十五日付、二〇ページ。
22　逓信省貯金局編『郵便貯金奨励状況』一九二三年、一～三ページ。
23　「自大正十二年九月至昭和十四年十二月　貯金例規（一）」国立公文書館蔵。
24　同前。
25　「自昭和十二年至昭和十六年　貯金例規原議（二）」国立公文書館蔵。
26　同前。
27　岡田和喜『貯蓄奨励運動の史的展開――少額貯蓄非課税制度の源流――』同文館出版、一九九六年、とくに第二章を参照。

28 『愛知県公報』第七七号、一九二七年九月二十七日付、九五三〜九五五ページ。
29 小山静子『家庭の生成と女性の国民化』勁草書房、一九九九年、第五章を参照。
30 『愛知県公報』第七七号、一九二七年九月二十七日付、九五四ページ。
31 同前。
32 同前。
33 『愛知県公報』第八八号、一九二七年十一月四日付、一〇八四〜一〇八五ページ。
34 『愛知県公報』第一一八号、一九二八年二月二十八日付、二一〇〜二一一ページ。
35 『愛知県公報』第一八五号、一九二八年十月十九日付、一〇四五ページ。

●第5章　総力戦体制下の学校貯金

1 須崎愼一『日本ファシズムとその時代——天皇制・軍部・戦争・民衆——』大月書店、一九九八年、三三一〜三三六ページ。
2 岡田和喜『貯蓄奨励運動の史的展開——少額貯蓄非課税制度の源流——』同文舘出版、一九九六年、九三〜九五ページ。
3 同前、一一三〜一一九ページ。
4 郵政省編『郵政百年史』吉川弘文館、一九七一年、六三三〜六三五、六七〇ページ。
5 郵政省編『続逓信事業史』第七巻、前島会、一九六〇年、三八ページ。
6 『愛知県公報』第一一六九号、一九三八年五月三十一日付、六六二〜六六三ページ。

7　『愛知県公報』第一一七七号、一九三八年六月二十八日付、八二九ページ。
8　『愛知県公報』第一二七四号、一九三九年六月九日付、四九四～四九五ページ。
9　『愛知県公報』第一三一三号、一九三九年十月二十四日付、九二二ページ。
10　『愛知県公報』第一三八六号、一九四〇年六月十一日付、五三七～五三八ページ。
11　『愛知県公報』第一七七一号、一九四二年十二月十五日付、一一二三ページ。
12　『愛知県公報』第一八四四号、一九四三年六月十日付、四九五～四九六ページ。
13　『愛知県公報』第一八四五号、一九四三年六月十二日付、五〇八～五〇九ページ。
14　『愛知教育』第六二三号、一九三九年十一月、九七～一〇〇ページ。
15　郵政省編『郵政百年史資料』第五巻、吉川弘文館、一九七〇年、三一九～三二一ページ。
16　「昭和十六年七月　切手貯金取扱再開　持参人払創設　其他業務整備」国立公文書館蔵。
17　同前。
18　同前。
19　『教育週報』一九三八年六月二十五日付、七ページ。
20　渡辺増富『国破れて山河あり――凄絶な戦時体験を超えた記録――』文芸社、二〇〇五年、一八～一九ページ。
21　『教育週報』一九三八年八月十三日付、五ページ。
22　岡田和喜、前掲書、一〇六ページ。
23　寺﨑昌男監修・誠之学友会編『誠之が語る近現代教育史』誠之学友会、一九八八年、七五七～七五八ページ。

24 同前、七五八〜七五九ページ。
25 西宮市立山口小学校『創立九十周年記念誌』一九六四年、四七〜四八ページ。
26 筑摩学校六十年史編纂委員会編『筑摩学校六十年史』筑摩学校六十周年記念事業実行委員会、一九七九年、二〇〇ページ。
27 愛国児童協会編『貯蓄奨励児童優秀綴方集――紀元二千六百年記念――』愛国児童協会出版部、一九四〇年、二七〜二八ページ。
28 同前、九一〜九二ページ。
29 吉野文成が紹介する、滋賀県大津市の瀬田国民学校五年生が作成した「学級日誌」の一九四四年十二月二十七日条には「一銭でもおおくちょきんし早くこの戦争にかつようにしましょう。一銭おおくちょきんして飛行機軍艦一せきも」と記されているという（吉野文成『戦争の時代の子どもたち――瀬田国民学校五年智組の学級日誌より――』岩波ジュニア新書、二〇一〇年、六八ページ）。ここからも、自分の貯金がそのまま軍資となって兵器購入に使われることを理解していたことがわかる。
30 このことについては、児童読物作家の山中恒自身の経験が参考になる（山中恒『子どもたちの太平洋戦争――国民学校の時代――』岩波新書、一九八六年、一〇三〜一〇六ページ）。

●第6章 「子ども銀行」の時代

1 森武麿ほか『現代日本経済史〔新版〕』有斐閣、二〇〇六年、六三〜六七ページ。
2 山口修『郵便貯金の一〇〇年』郵便貯金振興会、一九七七年、一四四ページ。

3　校外生活指導部「校外生活指導から生れ出た南大江こども銀行に就て」大阪市教育研究所編『教育研究所報』第六号、一九四九年七月、一〇八〜一一四ページ。以下、同校の記述はこの資料による。
4　櫛田光男編『「こども銀行」のありかた――新しい学習指導要領に即応して――』大蔵財務協会、一九六二年、一一九ページ。
5　郵政省編『郵政百年史』吉川弘文館、一九七一年、七六五ページ。
6　『千葉教育』第五号、一九四九年一月二十五日付。ただしここでは、千葉市教育史編纂委員会編『千葉市教育史』史料編第三巻、千葉市教育委員会、一九九七年、六〇九〜六一一ページより重引。
7　大蔵省銀行局編著『教科外活動としてのこども銀行』大蔵財務協会、一九五二年、六九ページ。
8　佐藤堅一『伸び行く子供銀行』牧書店、一九四九年、三七ページ。
9　大蔵省銀行局編『第一八回銀行局金融年報』一九六九年、三三一ページ。アンケートの回収率は毎年およそ七五〜八〇パーセント程度だった。
10　根津恭「こども銀行の諸問題」『講演時報』昭和二十四年四月下旬号、日本聯合通信社、一九四九年四月、一二〜一三ページ。
11　佐藤堅一、前掲書、二一〜三ページ。
12　同前、七ページ。
13　同前、七ページ。
14　小林清一「消費と国家――大恐慌・ニューディール・第二次世界大戦――」常松洋・松本悠子編『消費とアメリカ社会――消費大国の社会史――』山川出版社、二〇〇五年、一七一〜一七二ページ。
15　貯蓄増強中央委員会編『貯蓄運動史――貯増委三〇年のあゆみ――』貯蓄増強中央委員会、一九八三年、一二～三一ページ。以下、通貨安定対策本部と貯蓄増強中央委員会の記述は同書による。
16 大蔵省銀行局編著、前掲書、一七四～一七五ページ。
17 大蔵省財政史室編『昭和財政史――終戦から講和まで――』第一八巻、東洋経済新報社、一九八二年、三九六～三九七ページ。
18 「『こどもの日』の行事について」近代日本教育制度史料編纂会編『近代日本教育制度史料』第二八巻、講談社、一九五八年、八一～八三ページ。
19 大蔵省銀行局編著、前掲書、一七五～一七七ページ。
20 大蔵省銀行局編『第一回銀行局金融年報』一九五二年、八～一一ページ。
21 大蔵省銀行局編『第二回銀行局金融年報』一九五三年、一三～一七ページ。
22 「第一回国会衆議院逓信委員会会議録」。ここでは国会会議録検索システムを利用した。
23 米谷雅夫・小山芳雄『ボクの貯金わたしの保険』逓信こども文庫第二集、後楽書房、一九四九年、三九ページ。
24 愛知県教育委員会編『愛知県教育史』第五巻、愛知県教育委員会、二〇〇六年、三七二～三七八ページ。
25 米谷雅夫・小山芳雄、前掲書、三八～四〇ページ。
26 『信連月報』第一巻第三号、一九四九年九月、福岡県信用農業協同組合連合会、一一ページ。
27 『愛知県公報』第二六八五号、一九四八年十一月二十四日付、七六四～七六五ページ。
28 三鷹市教育史編纂委員会編『三鷹市教育史』通史編、一九九三年、五〇五ページ。
29 『愛知県公報』第二八〇七号、一九四九年九月十日付、六三三～六三四ページ。
30 「大森小学校資料」名古屋大学教育発達科学研究科教育史研究室蔵A21。

31　「子供銀行に関する綴」愛知県知多郡東浦中学校（名古屋大学教育発達科学研究科教育史研究室蔵コピー）。
32　佐藤堅一、前掲書、一五三〜一五五ページ。
33　「メディア・イベント」についてはメディア・イベント史研究会が精力的に研究成果を公表している。だが、「優良こども銀行表彰」は、津金澤聰廣編著『戦後日本のメディア・イベント［一九四五─一九六〇年］』世界思想社、二〇〇二年、では扱われていない。同書所収の井川充雄編「戦後復興期マス・メディア・イベント年表（一九四五〜一九六〇）」にも見出されない。これは、「優良こども銀行表彰」の主催が二回目以降、大蔵省と日本銀行にかわったことが理由かもしれないが、あるいは同書が子ども向けのマス・メディアを検討対象としていないことによるのかもしれない。
34　根津恭編『『こども銀行』の問題点と正しい運営』教育芸術社、一九五六年、一五八ページ。
35　各年の新聞記事による。
36　郵政省編『続逓信事業史』第七巻、前島会、一九六〇年、二二五ページ。
37　各年の新聞記事による。
38　『学習指導要領』については、以下、文部科学省の国立教育政策研究所の「学習指導要領データベース」〈https://www.nier.go.jp/guideline/〉によった。
39　名古屋教育史編集委員会編『名古屋教育史』I、名古屋市教育委員会、二〇一三年、四四五ページ。
40　秋田県教育委員会編『秋田県教育史』第六巻、秋田県教育史頒布会、一九八六年、七四九〜七五〇ページ。
41　中沢学校開校百年記念事業実行委員会編『中沢学校百年誌』一九七二年、四五九ページ。
42　コア・カリキュラム連盟編『カリキュラム（六年の）』誠文堂新光社、第二号、一九五〇年五月、三六〜三七ページ。

43 大蔵省銀行局国民貯蓄課編『ぼくらの銀行』大蔵財務協会、一九四九年、一二三、五六ページ。
44 大蔵省銀行局編『第一八回銀行局金融年報』一九六九年、三三一ページ。なお、重複回答があるため一〇〇パーセントにならない。小学校、中学校の別の内訳も不明。
45 大蔵省貯金局編著、前掲書、一二一〜一二四ページ。
46 市川昭午・林健久『教育財政』戦後日本の教育改革第四巻、東京大学出版会、一九七二年、三三三〜三三六ページ。
47 森秀夫編著『全国六・三制義務教育の成立』時潮社、一九八七年、五六二ページ。
48 福島県教育委員会編『福島県教育史』第三巻、福島県教育委員会、一九七四年、一六九ページ。
49 堀勇也「「こども銀行」実務誌」『バンキング』第六二号、一九五三年五月、一一〇ページ。
50 根津恭編、前掲書、一八三ページ。

●第7章 「子ども銀行」の終焉

1 吉見俊哉『親米と反米――戦後日本の政治的無意識――』岩波新書、二〇〇七年、一七〇ページ。
2 倉敷伸子「消費社会のなかの家族再編」安田常雄編『シリーズ 戦後日本社会の歴史2 社会を消費する人びと――大衆消費社会の編成と変容――』岩波書店、二〇一三年、四五〜四六ページ。
3 〈http://www5.cao.go.jp/j-j/wp/wp-je13/h10_data02.html〉「家計貯蓄率」とは家計の可処分所得に占める貯蓄の割合を意味する。
4 間々田孝夫「日本の貯蓄と文化・社会的要因」『フィナンシャル・レビュー』第二五号、大蔵省財政金融研究所、一九九二年十二月、九ページ。
5　西宮現代史編集委員会編『西宮現代史』第一巻Ⅱ、西宮市、二〇〇七年、二八九ページ。
6　駿東教育史編集委員会編『駿東教育史』駿東地区教育協会、一九七五年、八一二～八一三ページ。
7　熊本市教育委員会編『熊本市戦後教育史』通史編一、熊本市教育委員会、一九九一年、四六三ページ。
8　山口修『郵便貯金の一〇〇年』郵便貯金振興会、一九七七年、一四五ページ。
9　倉敷伸子、前掲論文。
10　下川耿史編『昭和・平成家庭史年表』河出書房新社、一九九九年、二八五、三一五ページ。
11　天野正子ほか『モノと子どもの戦後史』吉川弘文館、二〇〇七年、二〇八～二一〇ページ。
12　阿部進『現代っ子教育作戦』国土新書、一九六三年、四八ページ。
13　阿部進『現代っ子採点法――親があっても子は育つ――』三一書房、一九六二年、三四ページ。
14　阿部進、前掲『現代っ子教育作戦』二一七ページ。
15　大蔵省銀行局編著『教科外活動としてのこども銀行』大蔵財務協会、一九五二年、一七八ページ。
16　櫛田光男編『「こども銀行」のありかた――新しい学習指導要領に即応して――』大蔵財務協会、一九六二年、二～五七ページ。以下、座談会でのやりとりはここから引用。
17　「『こども銀行』の運営について」『金融』第一一八号、全国銀行協会連合会、一九五七年一月、五三ページ。
18　銀行局金融年報編集委員会編『銀行局現行通達集』昭和四十一年版、金融財政事情研究会、一九六六年、五〇～五二ページ。
19　銀行局金融年報編集委員会編『銀行局現行通達集』昭和四十六年版、金融財政事情研究会、一九七一年、八六～八八ページ。

20　銀行局金融年報編集委員会編『銀行局現行通達集』平成七年版、金融財政事情研究会、一九九五年、一〇〇～一〇三ページ。
21　大蔵省銀行局編『第四二回銀行局金融年報』一九九三年、三六九ページ。
22　「貯蓄関係決済（二〇〇〇年度）」国立公文書館つくば分館蔵。
23　同前。
24　市川昭午・林健久『教育財政』戦後日本の教育改革第四巻、東京大学出版会、一九七二年、四七八～四八一ページ。

参考文献

【刊本・論文】

愛国児童協会編『貯蓄奨励児童優秀綴方集――紀元二千六百年記念――』愛国児童協会出版部、一九四〇年。

愛知県教育委員会編『愛知県教育史』第五巻、愛知県教育委員会、二〇〇六年。

青森県尋常師範学校編『青森県尋常師範学校付属小学校教授細目』青森県尋常師範学校、一八九三年。

秋田県教育委員会編『秋田県教育史』第二巻、秋田県教育史頒布会、一九八二年。

秋田県教育委員会編『秋田県教育史』第六巻、秋田県教育史頒布会、一九八六年。

阿部進『現代っ子採点法――親があっても子は育つ――』三一書房、一九六二年。

阿部進『現代っ子教育作戦』国土新書、一九六三年。

天野正子ほか『モノと子どもの戦後史』吉川弘文館、二〇〇七年。

有元正雄『真宗の宗教社会史』吉川弘文館、一九九五年。

磯見辰典ほか『日本・ベルギー関係史』白水社、一九八九年。

市川昭午・林健久『教育財政』戦後日本の教育改革第四巻、東京大学出版会、一九七二年。

伊藤博文編『財政資料』上巻（『明治百年史叢書』第一二四巻、原書房、一九七〇年、所収）。

井上哲次郎『勅語衍義』敬業社・哲眼社、一八九一年。

井上寿一『理想だらけの戦時下日本』ちくま新書、二〇一三年。

井上寿一『終戦後史　19545―1955』講談社、二〇一五年。

岩崎直英『学童貯金論』交通学館、一八九二年。

岩手県教育委員会編『岩手近代教育史』第一巻、岩手県教育委員会、一九八一年。

大植四郎編『明治過去帳』東京美術、一九七一年。

大門正克『近代日本と農村社会――農民世界の変容と国家――』日本経済評論社、二〇〇九年。

大蔵省編『明治大正財政史』第五巻、財政経済学会、一九三七年。

大蔵省銀行局編著『教科外活動としてのこども銀行』大蔵財務協会、一九五二年。

大蔵省銀行局国民貯蓄課編『ぼくらの銀行』大蔵財務協会、一九四九年（大分県立図書館蔵）。

大蔵省財政史室編『昭和財政史――終戦から講和まで――』第一八巻、東洋経済新報社、一九八二年。

岡田和喜『貯蓄奨励運動の史的展開――少額貯蓄非課税制度の源流――』同文館出版、一九九六年。

小田切秀雄・壺井繁治編『黒島伝治全集』第一巻、筑摩書房、一九七〇年。

笠間賢二『地方改良運動期における小学校と地域社会』日本図書センター、二〇〇三年。

梶山雅史編著『近代日本教育会史研究』学術出版会、二〇〇七年。

梶山雅史編著『続・近代日本教育会史研究』学術出版会、二〇一〇年。

梶善登「我が国の家計貯蓄率の動向」『レファレンス』二〇〇七年九月号、国立国会図書館調査及び立法考査局。

学海指針社編『訂正新編帝国読本』巻七、集英堂、一八九八年。

金沢長吉『学校貯金の必要及方法』鮮進堂、一九〇二年。

加舎稔編『教育勅語例解』村上書店、一八九九年（日本大学精神文化研究所・日本大学教育制度研究所編『教育勅語関係資料』第九集、一九八一年、所収）。

川村竹治『学校貯金振興論』警眼社、一九〇六年。

樹下龍児『おもしろ図像で楽しむ近代日本の小学教科書』中央公論新社、二〇一一年。

岐阜県教育委員会編『岐阜県教育史』通史編現代一、岐阜県教育委員会、二〇〇四年。

岐阜県教育委員会編『岐阜県教育史』通史編現代二、岐阜県教育委員会、二〇〇四年。

教育実成会編『明治聖代教育家銘鑑』第一編、一九一二年（日本図書センターが一九八九年に『教育人名辞典』として復刻）。

銀行局金融年報編集委員会編『銀行局現行通達集』昭和四十一年版、金融財政事情研究会、一九六六年。

銀行局金融年報編集委員会編『銀行局現行通達集』昭和四十六年版、金融財政事情研究会、一九七一年。

銀行局金融年報編集委員会編『銀行局現行通達集』平成七年版、金融財政事情研究会、一九九五年。

金港堂書籍株式会社編『尋常算術教科書』金港堂書籍、一九〇一年（海後宗臣編『日本教科書大系』近代編第一二巻算数三、講談社、一九六三年、所収）。

近代日本教育制度史料編纂会編『近代日本教育制度史料』第二八巻、講談社、一九五八年。

金融広報中央委員会編『金融教育の手引き』二〇一三年。

櫛田光男編『「こども銀行」のありかた——新しい学習指導要領に即応して——』大蔵財務協会、一九六二年。

窪田祥宏「戊申詔書の発布と奉体」『教育学雑誌』第二三号、日本大学教育学会、一九八九年。

熊本市教育委員会編『熊本市戦後教育史』通史編一、熊本市教育委員会、一九九一年。

倉敷伸子「消費社会のなかの家族再編」安田常雄編『シリーズ　戦後日本社会の歴史2　社会を消費する人びと――大衆消費社会の編成と変容――』岩波書店、二〇一三年。

見城悌治「日露戦後社会下の戊申詔書と勤倹貯蓄」『立命館史学』第一〇号、立命館史学会、一九八九年。

見城悌治『近代報徳思想と日本社会』ぺりかん社、二〇〇九年。

甲府郵便局八十年誌刊行会編『甲府郵便局八十年誌』甲府郵便局八十年誌刊行会、一九五五年。

小林清一「消費と国家――大恐慌・ニューディール・第二次世界大戦――」常松洋・松本悠子編『消費とアメリカ社会――消費大国の社会史――』山川出版社、二〇〇五年。

小林輝行『近代日本の家庭と教育』杉山書店、一九八二年。

小山静子『家庭の生成と女性の国民化』勁草書房、一九九九年。

埼玉県教育委員会編『埼玉県教育史』第四巻、埼玉県教育委員会、一九七一年。

埼玉県尋常師範学校附属小学校編『埼玉県尋常師範学校附属小学校教授細目』埼玉同窓会、一八九三年。

桜井恵子『近代日本算術教育史――子どもの「生活」と「主体性」をめぐって――』学術出版会、二〇一四年。

佐藤堅一『伸び行く子供銀行』牧書店、一九四九年。

佐藤秀夫『教育の文化史3　史実の検証』阿吽社、二〇〇五年。

島根県教育庁総務課編『島根県近代教育史』第三巻資料編、島根県教育委員会、一九七八年。

下川耿史編『昭和・平成家庭史年表』河出書房新社、一九九九年。

週刊朝日編『値段の明治・大正・昭和風俗史』上、朝日文庫、一九八七年。

末松謙澄『小学修身訓』中巻、精華舎、一八九二年（海後宗臣編『日本教科書大系』近代編第二巻修身二、講談社、一九六二年、所収）。

杉浦勢之「大衆的零細貯蓄機関としての郵便貯金の成立――日清戦後の郵便貯金の展開とその性格――」『社会経済史学』第五二巻第四号、社会経済史学会、一九八六年十一月。

杉浦勢之「日露戦後の郵便貯金の展開と貯蓄奨励政策」『社会経済史学』第五六巻第一号、社会経済史学会、一九九〇年六月。

須崎愼一『日本ファシズムとその時代――天皇制・軍部・戦争・民衆――』大月書店、一九九八年。

駿東教育史編集委員会編『駿東教育史』駿東地区教育協会、一九七五年。

高橋亀吉編『財政経済二十五年誌』第六巻、実業之世界社、一九三二年（国書刊行会からの復刻版、一九八五年）。

竹貫登代多『尋常小学筆算教科書』巻三、共益商社、一八九三年（海後宗臣編『日本教科書大系』近代編第一二巻算数三、講談社、一九六三年、所収）。

田中光「明治期郵便貯金制度の歴史的展開――大衆資金動員システム形成に関する試論――」二〇〇八年、ISS Discussion Paper Series J-170。

筑摩学校六十年史編纂委員会編『筑摩学校六十年史』筑摩学校六十周年記念事業実行委員会、一九七九年。

知多郡聯合教育会編『尋常小学教授細目』知多郡聯合教育会、一八九九年。

千田栄美「戊申詔書の発布とその反響」『日本の教育史学』第四四集、教育史学会、二〇〇一年。

千田栄美「一九〇九年文部省の全国連合教育会諮問――日露戦後天皇制教育の一断面――」梶山雅史編著『近代日本教育会史研究』学術出版会、二〇〇七年。

千葉教育会編『千葉県尋常師範学校附属小学校教授細目』立真舎、一八九四年。

千葉市教育史編纂委員会編『千葉市教育史』史料編第三巻、千葉市教育委員会、一九九七年。

貯蓄増強中央委員会編『貯蓄運動史——貯増委三〇年のあゆみ——』一九八三年。

津金澤聰廣編著『戦後日本のメディア・イベント［一九四五—一九六〇年］』世界思想社、二〇〇二年。

常松洋・松本悠子編『消費とアメリカ社会——消費大国の社会史——』山川出版社、二〇〇五年。

逓信省貯金局編『郵便貯金奨励状況』一九二三年。

逓信省貯金局編『郵便貯金の府県別職業別統計の結果を概評す』一九三六年。

逓信省通信局編『学校生徒貯金実況』一九〇三年。

逓信省郵便貯金局編『郵便貯金局郵便貯金事務史』第一編、郵便貯金局、一九一〇年。

寺﨑昌男監修・誠之学友会編『誠之が語る近現代教育史』誠之学友会、一九八八年。

東京高等師範学校附属小学校編『東京高等師範学校附属小学校教授細目』東京高等師範学校紀要、一九〇三年。

富山県教育史編さん委員会編『富山県教育史』上巻、富山県教育委員会、一九七一年。

中沢学校開校百年記念事業実行委員会編『中沢学校百年誌』一九七二年。

中条澄清『小学尋常科筆算書』巻二、寛裕舎、一八八七年（海後宗臣編『日本教科書大系』近代編第一二巻算数三、講談社、一九六三年、所収）。

長崎県教育会編『長崎県教育史』下巻、長崎県教育会、一九四三年。

名古屋教育史編集委員会編『名古屋教育史』Ⅰ、名古屋市教育委員会、二〇一三年。

テツオ・ナジタ著／福井昌子訳『相互扶助の経済——無尽講・報徳の民衆思想史——』みすず書房、二〇一五年。

西宮現代史編集委員会編『西宮現代史』第一巻Ⅱ、西宮市、二〇〇七年。

西宮市立山口小学校『創立九十周年記念誌』一九六四年。

日本銀行調査局編『日本金融史資料　明治大正編』第四巻、大蔵省印刷局、一九五八年。

日本銀行調査局編『日本金融史資料　明治大正編』第五巻、大蔵省印刷局、一九五六年。

根津恭「こども銀行の諸問題」『講演時報』昭和二十四年四月下旬号、日本聯合通信社、一九四九年四月。

根津恭編『『こども銀行』の問題点と正しい運営』教育芸術社、一九五六年。

羽賀祥二「パウル・マイエット――「亜細亜ノ孛魯西国」＝日本の改革――」『立命館大学人文科学研究所紀要』第五九号、一九九三年。

櫨浩一『貯蓄率ゼロ経済――円安・インフレ・高金利時代がやってくる――』日本経済新聞社、二〇〇六年。

東久世通禧『小学修身書』国光社、一八九二年（海後宗臣編『日本教科書大系』近代編第二巻　修身二、講談社、一九六二年、所収）。

広島県山県郡教育会編『山県郡教育誌』広島県山県郡教育会、一九四三年。

福島県教育委員会編『福島県教育史』第三巻、福島県教育委員会、一九七四年。

堀勇也「「こども銀行」実務誌」『バンキング』第六二号、産業経済社、一九五三年五月。

パウル・マイエット著／大村仁太郎訳『教育家必携　駅逓局学校貯金法』大日本教育会、一八八六年。

前島密『鴻爪痕』前島会、一九五五年。

間々田孝夫「日本の貯蓄と文化・社会的要因」『フィナンシャル・レビュー』第二五号、大蔵省財政金融研究所、一九九二年。

水原明窓編『日本切手百科事典』日本郵趣協会、一九七五年。

三鷹市教育史編纂委員会編『三鷹市教育史』三鷹市教育委員会、一九九三年。

宮崎勇『日本経済図説』岩波新書、一九八九年。

迎由理男「一九〇〇年代における大蔵省預金部の機能と性格」『金融経済』第一七七号、金融経済研究所、一九七九年。

迎由理男『郵便貯金の発展とその諸要因』国際連合大学、一九八一年。

森武麿ほか『現代日本経済史〔新版〕』有斐閣、二〇〇六年。

森永卓郎監修『明治／大正／昭和／平成　物価の文化史事典』展望社、二〇〇八年。

森秀夫編著『全国六・三制義務教育の成立』時潮社、一九八七年。

文部省調査局編『日本の成長と教育――教育の展開と経済の発達――』一九六二年。

安田常雄編『シリーズ　戦後日本社会の歴史2　社会を消費する人びと――大衆消費社会の編成と変容――』岩波書店、二〇一三年。

安丸良夫『日本の近代化と民衆思想』青木書店、一九七四年。

山口修『郵便貯金の一〇〇年』郵便貯金振興会、一九七七年。

山住正己『教育勅語』朝日新聞社、一九八〇年。

山谷幸司「明治期石川県における教育会の組織化過程」梶山雅史編著『続・近代日本教育会史研究』学術出版会、二〇一〇年。

山中恒『子どもたちの太平洋戦争――国民学校の時代――』岩波新書、一九八六年。

山中恒『暮らしの中の太平洋戦争――欲シガリマセン勝ツマデハ――』岩波新書、一九八九年。

郵政省編『続逓信事業史』第七巻、前島会、一九六〇年。

郵政省編『郵政百年史資料』第一巻、吉川弘文館、一九七〇年。

郵政省編『郵政百年史資料』第五巻、吉川弘文館、一九七〇年。

郵政省編『郵政百年史資料』第七巻、吉川弘文館、一九七〇年。

郵政省編『郵政百年史』吉川弘文館、一九七一年。

ユネスコ東アジア文化研究センター編『資料御雇外国人』小学館、一九七五年。

湯原元一『学校貯金論』金港堂、一九〇五年。

米谷雅夫・小山芳雄『ボクの貯金わたしの保険』逓信こども文庫第二集、後楽書房、一九四九年。

吉川卓治「学校訓育の史的考察――明治後期における学校貯金の展開を中心に――」『日本の教育史学』第三三集、教育史学会、一九九〇年。

吉川卓治「明治期学校訓育に関する一考察――学校貯金に対する批判と反論の分析を中心に――」『名古屋大学教育学部紀要（教育学科）』第三七号、一九九〇年。

吉川卓治「学校貯金に関する史的考察――明治期における府県の施策と貯金生徒――」『名古屋大学教育学部紀要（教育学科）』第三九巻第二号、一九九三年。

吉川卓治「大正期における学校貯金」『近代日本における教科外教育の総合的研究』一九九四・一九九五年科学研究費補助金（総合研究（A））研究成果報告書、研究代表者篠田弘、一九九六年。

吉川卓治「郵便切手貯金制度の成立と展開――貯蓄習慣形成と零細資金吸収の相克――」『名古屋大学大学院教育発達科学研究科紀要（教育科学）』第五六巻第二号、二〇〇九年。

吉川卓治「こども銀行の時代」『名古屋大学大学院教育発達科学研究科紀要（教育科学）』第六二巻第二号、二〇一六年。

吉敷郡教育史編纂委員会編『吉敷郡教育史』山口県吉敷郡、一九一二年。

吉見俊哉『親米と反米――戦後日本の政治的無意識――』岩波新書、二〇〇七年。

吉村文成『戦争の時代の子どもたち――瀬田国民学校五年智組の学級日誌より――』岩波ジュニア新書、二〇一〇年。

フランソワ・ローラン著／森則義訳『老蘭氏学校貯金説』逓信省総務局記録課、一八八六年。

フランソワ・ローラン著／広瀬惟孝訳『白耳義国学校生徒貯金法』泰山書房、一八八七年。

和歌山県史編さん委員会編『和歌山県史』近現代史料四、和歌山県、一九七八年。

渡辺増富『国破れて山河あり――凄絶な戦時体験を超えた記録――』文芸社、二〇〇五年。

【逐次刊行物】

●年報・公報

『愛知県公報』、『石川県学事報告』、『石川県教育会議事筆記』、『学校基本調査』、『官報』、『銀行局金融年報』、『逓信省年報』、『文部省年報』、『郵便為替貯金事業概要』

●教育雑誌

『愛知教育』、『愛知教育雑誌』、『愛知教育会雑誌』、『大阪市教育会報』、＊『カリキュラム（六年の）』、『九州教育雑誌』、＊『教育研究所報』大阪市教育研究所、『教育公報』、『教育雑誌』、『教育週報』、『教育時論』、『教育報知』、『大日本教育会雑誌』、『千葉教育』、『日本之小学教師』

●経済雑誌
『銀行通信録』、『金融』、＊『金融特報』、＊『信連月報』、『東京経済雑誌』、＊『バンキング』

●新聞
『朝日新聞』、『九州日日新聞』、『京都日日新聞』、『国民新聞』、『時事新報』、『新愛知』、『東京朝日新聞』、『奈良日日新聞』、『毎日新聞』、『都新聞』、『読売新聞』

●子ども向け新聞・雑誌
＊『学友五年生』やまと書苑、＊『こども朝日』朝日新聞社、『小学五年生』小学館、『毎日小学生新聞』毎日新聞社

＊印は国立国会図書館憲政資料室プランゲ文庫資料を用いた。

【未刊行資料】

「翻訳類纂」第六、内閣文庫、一八六―〇一四五、国立公文書館蔵。

「自大正十二年九月至昭和十四年十二月　貯金例規（一）」本館―三A―〇一八―〇〇・昭四七郵政〇〇三四四一〇〇、国立公文書館蔵。

「自昭和十二年至昭和十六年　貯金例規原議（二）」本館―三A―〇一八―〇〇・昭四七郵政〇〇三四一一〇〇、

国立公文書館蔵。

「昭和十六年七月　切手貯金取扱再開　持参人払創設　其他業務整備」本館―三A―〇一八―〇〇・昭四七郵政〇〇三五四一〇〇、国立公文書館蔵。

「貯蓄関係決済（二〇〇〇年度）」分館―〇六―〇九六―〇〇平一二金融〇〇一三〇一〇〇、国立公文書館つくば分館蔵。

「国民貯蓄（表彰関係）」愛知県公文書館蔵。

「大森小学校資料」名古屋大学教育発達科学研究科教育史研究室蔵A21。

「久津美家資料」名古屋大学教育発達科学研究科教育史研究室蔵。

「子供銀行に関する綴」愛知県知多郡東浦中学校蔵（名古屋大学教育発達科学研究科教育史研究室蔵コピー）。

あとがき

本書を書き終えてあらためて思うのは、「学校貯金」「子ども銀行」というものは、教育の側だけ、あるいは金融経済の側だけからみていたのではその全体像を捉えることはできないということである。それだけにどのような構成にすればよいか、ずいぶんと迷うところもあったのだが、試行錯誤の末に、ようやく書き上げることができた。

本書の出発点となった研究に着手したのは、四半世紀以上前の一九八八（昭和六十三）年ごろのことだった。あるゼミの発表準備をしていると、ふと修士論文の執筆のために読んでいた資料のなかに「学校貯金」という実践が何度も出てきたことを思い出した。教育と経済の関係から日本の近代化を再考する手がかりになりそうな気がしたのである。そこでまずは先行研究を探してみたのだが、ほとんど見つけることができなかった。それなら自分で調べてみようと、戦前の教育雑誌を読んでいくと「学校貯金」に関する記事が意外に多く掲載されていることに気づいた。『銀行通信録』などの経済雑誌にも記事が載っていることがわかった。さらに国会図書館の古い蔵書目録に目をとおしてみると「学校貯金」についての図書が何冊かあることもわかった。その頃は、ネットで検索したり、閲覧したりすることなど思いもよらない時代だった。思い切って東京まで出かけてみることにした。

国会図書館では、当時、文献をみるためにはまず閲覧請求書に書名と請求記号を記入し、カウンターに提出することになっていた。受付の向こう側では係の方が請求書に赤鉛筆でなにやら印をつけた後、カプセルに入れて書庫に送り（パイプを通して圧縮空気で送るのだと思う）、しばらくすると受付に文献が届くという仕組みだった。なんともアナログなシステムで、頼んだ文献が出てくるまでにはかなり時間がかかったから、その間、椅子に座って係の人たちの仕事ぶりをぼんやり眺めたり、持ってきた文庫本を開いたりして時間をつぶしていた。あるとき、手もちぶさたに、閲覧室に据え付けてあった主題別のカード目録を一枚ずつ繰っていたところ、「学校貯金」に関する文献がまとまって刊行されていたことに気づいた。その瞬間、これでしっかりと調べることができるという確信を得た。

一応の成果がまとまったので教育史学会で発表し投稿してみた。査読意見はあまり芳しいものでなく、「学校貯金」についての「概説的なノートだ」といった手厳しい意見もあった。しかし、及び腰ながら書いた反論が受け入れられたのか、『日本の教育史学』に掲載してもらえることになった。後で知ったのだが、この時の論文は教育社会学を専門とする人たちに評判がよかったらしい。

そのまま「学校貯金」の研究を続けたらもう少し早く本書をまとめることができたかもしれない。しかし、その後、名古屋大学五十年史を編集する仕事に携わることになり、一、二の論文を書いたものの、関心の中心が大学史へと移ったこともあって、「学校貯金」研究からは遠のくことになってしまった。

しかし、「学校貯金」のことはなぜか頭から離れず、この間、あちこちの図書館や文書館を訪れるたびに目に付いた資料を少しずつ集めてカードに整理してきた。またここ数年で「子ども銀行」についても論文を書くことができたので、これまでの論文や資料を使い、思い切って一冊にまとめようと考え、昨年春ごろにはだいたいの原稿を書き上げることができた。そこで、いつごろからか知り合いになった世織書房の伊藤晶宣氏に相談をもちかけたところ、たいへん快く出版を引き受けてくださった。出版事情が厳しいなか、本当にありがたいことである。心より感謝申し上げたい。

本文にも書いたように、世紀転換期以降、金融環境は大きく変貌した。「貯蓄から投資へ」と政策基調が転換し、人びとの貯金への関心もすっかり失せてしまったようにみえる。貧富の格差が拡大するなか、そもそも預貯金などの金融資産をもてない家庭も増えている。こうした状況に社会は、そして教育はどう対処すればいいのか問われている。一方で研究条件も大きく変わった。インターネット環境が急速に整備され、資料の検索・閲覧は驚くほど容易になった。本書でも各新聞社の記事検索データベースやNPO法人インテリジェンス研究所のプランゲ文庫「占領期新聞雑誌情報データベース」を利用している。これらのデータベースがなければ本書をまとめるのにはさらに時間がかかったことだろう。関係各位にお礼を申し上げたい。

本書は、参考文献中に掲げた六つの拙論を再構成し、大幅に加筆・修正を施したものである。それらの論文を書き上げる過程で、中西聡慶應義塾大学教授が研究代表者をつとめた「近現代日本の生活様式と社会環境からみた都市と農村の比較研究」の科学研究費補助金（基盤研究（B）二〇〇六〜二〇〇九年度、課題番号18330073）を得た。中西先生には「生活様式と社会環境」研究会以来、資料調査・合評会などなにかとお世話になっている。また本書の出版にあたり、名古屋大学学術図書出版助成金を受けることができた。関係の方々に感謝を申し上げたい。

二〇一六年七月

吉川卓治

索　引
〈人名＋事項〉

【あ】

【か】

【な】

【は】

【ま】

【や】

【ら】

【わ】

著者紹介
吉川卓治（よしかわ・たくじ）
1963年　愛知県生まれ
1990年　名古屋大学大学院教育学研究科博士課程後期課程中退。
名古屋大学史専任編集室員（教育学部助手）、神戸商科大学専任講師・助教授、名古屋大学大学院教育発達科学研究科准教授などを経て、現在、名古屋大学大学院教育発達科学研究科教授、博士（教育学）。
著書に『公立大学の誕生——近代日本の大学と地域——』（名古屋大学出版会、2010年）、『新版　子どもの教育の歴史』（共編著、名古屋大学出版会、2008年）、『差別と戦争——人間形成史の陥穽——』（共著、明石書店、1999年）などがある。

「子ども銀行」の社会史——学校と貯金の近現代

2016年11月16日　第1刷発行

著　者｜吉川卓治
装　幀｜M. 冠着
発行者｜伊藤晶宣
発行所｜(株)世織書房
印刷・製本所｜(株)ダイトー

〒220-0042　神奈川県横浜市西区戸部町7丁目240番地 文教堂ビル
電話045(317)3176　振替00250-2-18694

落丁本・乱丁本はお取替いたします　Printed in Japan
ISBN978-4-902163-89-6